地学相关信息技术在中学地理教学中的应用

黄芳 著

郑州大学出版社

图书在版编目(CIP)数据

地学相关信息技术在中学地理教学中的应用 / 黄芳著. -- 郑州 : 郑州大学出版社, 2023. 9(2024.6 重印)
ISBN 978-7-5645-3247-5

Ⅰ. ①地… Ⅱ. ①黄… Ⅲ. ①中学地理课 - 教学研究 Ⅳ. ①G633.552

中国国家版本馆 CIP 数据核字(2023)第 139246 号

地学相关信息技术在中学地理教学中的应用
DIXUE XIANGGUAN XINXI JISHU ZAI ZHONGXUE DILI JIAOXUE ZHONG DE YINGYONG

策划编辑	孙理达	封面设计	苏永生
责任编辑	孙理达	版式设计	苏永生
责任校对	许久峰	责任监制	李瑞卿
出版发行	郑州大学出版社	地　址	郑州市大学路 40 号(450052)
出 版 人	孙保营	网　址	http://www.zzup.cn
经　销	全国新华书店	发行电话	0371-66966070
印　刷	廊坊市印艺阁数字科技有限公司		
开　本	710 mm×1 010 mm　1 / 16		
印　张	12.25	字　数	200 千字
版　次	2023 年 9 月第 1 版	印　次	2024 年 6 月第 2 次印刷
书　号	ISBN 978-7-5645-3247-5	定　价	68.00 元

前言

传统地理教学以地理教材、教师讲授和 PPT 展示为主，所呈现的对象大多是二维平面的，不利于对学生三维空间思维能力的培养，学生学习的积极性不高、学习效果不理想。随着地学信息技术水平的不断提升，中学地理教师要想提高教学质量，不仅要在课堂上为学生呈现足够多的科学文化知识，还需要合理应用地学现代信息技术，将知识与技术融合起来进行教学，以此来激发学生的学习兴趣，提高教师自身的专业水平和职业素养。因此，将主要地学信息技术或平台，如地理信息系统（GIS）、遥感影像（RS）和图新地球（LSV）、寰宇地理虚拟现实（VR）教学系统、地理增强现实（AR）沙盘技术等，运用到中学地理教学中，能突破传统教学模式带来的弊端，有效提高学生的学习兴趣和积极性，从而提高课堂教学质量，并有效培养学生的地理核心素养。

本书的研究意义主要体现在以下几个方面：①促使中学地理教育教学向信息化、系统化、专业化转变；②倒逼地理师范生职前信息化素养提升；③为中学其他科目的信息化改革提供经验和借鉴。

本书通过深入研究地理教师职前培养以及不同年级、不同阶段、不同类型地理课堂教学中存在的问题，以现代建构主义学习理论、多媒体学习认知理论、情境认知与动机系统理论等多种理论为指导，探讨如何破解传统地理课堂教学中存在的难题，探索融合多种地学技术的地理课堂教学可持续发展路径。具体内容如下：

第 1 章，基于卓越地理教师培养的“全方位、多层次、信息化”实践教学改革研究。本章基于整合技术的学科教学知识（TPACK）理论，探索构建“全方位、多层次、信息化”实践教学体系，探讨如何从物理空间、资源空间和交流空间方面进行信息化建设，完成对中学地理教师职前信息化素养的培养，为职后课堂教学中各类地学技术的熟练应用打下基础。

第2章，地方高校转型背景下地理科学专业实验教学体系创新发展模式研究。本章从地理教师职前养成的角度分析如何从培养目标、管理模式、实验内容3个方面进行创新，进而培养合格的、符合社会发展需求的地理师范生。综合性实验和创新性实验是培养地理师范生信息素养的主要途径。

第3章，微课融合对分课堂在高中地理教学中的应用。本章借助对分课堂教学模式，将微课融入高中地理《交通运输布局及其影响》这一内容，从课前微课学习、课堂讲授、内化吸收、课堂讨论4个环节探讨了微课的融入方式及各环节师生的教学活动特点。实践证明，微课融合对分课堂的教学模式充分体现了“以教师为主导，以学生为主体”的教学理念，在培养学生自主学习能力、深度参与课堂教学方面效果不错。

第4章，信息技术条件下高中地理课程学生自主学习模式研究——以《旅游地理》为例。本章采用支架式教学策略，以《旅游地理》为例，分析了在搭建支架、导入情景、独立探索、协作学习、多层次评价5个环节如何将旅游专题网站、虚拟现实、模拟软件、GIS、自媒体平台等信息技术有效融入教学内容中，以及如何提高学生自主学习能力。

第5章，线上对分课堂在初中地理课堂教学中的应用研究。本章在四元教学理念指导下，以《澳大利亚》第一课时为例，分析了对分课堂在初中地理线上教学中的操作方式，该方式将提高学生的学习兴趣和学习效率。

第6章，基于对分课堂的高中地理创新型教学模式研究。本章首先分析了对分课堂的特点，然后以《能源资源的开发——以我国山西省为例》第一课时为例，详细阐述了其在讲授（Presentation）、学生消化和吸收（Assimilation）、学生讨论（Discussion）3个环节的使用方法，实践证明该教学模式有助于提高学生学习兴趣、自学能力，培养创造性思维。

第7章，初中生地理实践力定量评价研究。本章首先从地理实践认知、地理实践方法、地理实践能力和地理实践意志品质4个方面构建17个指标，通过专家访谈，利用层次分析（AHP）法计算出17个指标的权重。以人教版初中地理《地形和地势》和《北方地区》一章中《自然特征与农业》一节为例，分别采用BOPPPS和“5E”教学模式，详细阐述了如何利用数字星球智慧教室和图新软件提高学生的地理实践力，并对学生的地理实践力进行评价。

第 8 章，基于对分课堂的中学地理课堂教学行为研究。本章分别用 FIAS 和 TBAS 课堂教学行为编码方法对传统课堂和信息化课堂的教学行为进行编码，并借助 NVivo12 质性分析软件对所选取的案例视频进行分析。研究结果将为优化师生课堂教学行为、提高学生课堂专注力、促进教师专业发展、提高课堂教学效果提供决策依据。

第 9 章，基于具身学习理论的研学旅行课程开发研究。研学旅行往往在某一个时间段、特定几个有限地点进行，其主要问题是在有限的时间和空间范围内不足以让学生深刻了解研学地隐性的地理信息和在时间轴上的动态变化特征，进而使研学目标无法完全达成。而地学技术能够突破时空限制，使研学时空在技术的支持下得以拓展延伸。GIS 和 RS 技术可以从不同角度、全方位观察研学对象，促使学生将所学知识运用到实践中，提升地理学习能力，调动多种感官，获得在场体验，深化对人地关系的认识。

第 10 章，古诗词在高中地理教学中的应用研究。古诗词是我国传统文化的重要载体，不少古诗词蕴含着丰富的地理知识和地理现象，将古诗词有机融合进地理课堂，不但可以传承优秀传统文化，而且可以让地理课堂变得更加生动有趣，加深学生对地理知识的理解。现代信息技术既有助于古诗词的传播，同时又可以将古诗词中的地理要素、地理过程形象生动地展示出来，进而顺利实现课程目标。

第 11、12 章，信息技术在乡土地理教学中的应用。这两章分别以省、地级市两个不同级别的行政区域为例，分析了河南省旅游业与农业协调发展的关系，以及平顶山市旅游业发展与碳安全的关系。通过对家乡社会、经济、生态环境的学习、调查、研究，学生对家乡的认识更全面、更深刻，激发学生热爱家乡的情感以及树立建设家乡的远大志向。同时，将书本知识与生活实践结合起来，让学生深刻感受到学到的地理知识对生活是有用的，激励学生主动探索更多的热点领域，从而培养学生的自主学习能力、创新能力和地理实践力。

本书的主编为黄芳老师，此外，参与编写的还有以下人员：郑双双（第 3 章）、谢紫珍（第 5 章）、叶薇郡（第 7 章）、吴烨（第 8 章）、朱盼盼（第 9 章）、姚猛（第 10 章）。

本书的出版得到了河南省 2022 年度教师教育课程改革课题研究项目

“核心素养视域下SSL技术与中学地理教学融合研究”（编号：2022-JSJYZD-058）和河南省教育科学“十四五”规划课题“师范认证背景下基于认知学徒制理论的地理科学专业教育改革研究”（编号：2021YB0233）的资助，以及郑州大学出版社的大力支持，在此一并致谢。

由于作者水平有限，书中难免有不足之处，恳请读者批评指正。

编　者

2022年12月

目录

第1章 基于卓越地理教师培养的“全方位、多层次、信息化”实践教学改革研究

实践教学是培养卓越地理教师的主要环节。本研究从实践内容、指导团队、管理过程和实践评价等4个方面进行全方位的实践教学改革;在通识师范技能、实践能力、指导方法、专业实践类型等方面进行多层次实践教学改革;在TPACK理论指导下,在物理空间、资源空间和交流空间实践教学信息化建设。

1.1 研究背景

为全面贯彻落实全国教育大会精神,落实教师教育振兴行动计划,《教育部关于加快建设高水平本科教育 全面提高人才培养能力的意见》(教高〔2018〕2号)和《教育部关于实施卓越教师培养计划2.0的意见》(教师〔2018〕13号)两个文件中均提到要“提高实践教学水平”、构建贯穿全程的实践教学,“重塑教育教学形态”,促进“现代信息技术与教育教学深度融合”,进而实现高等教育质量的“变轨超车”。当下,“实践教学”和“现代信息技术”已成为教育管理部门和基层教学单位使用的高频词,同时也成为教育教学研究领域最主要的研究主题词。

教师培养类专业本身就是一个实践性非常强的专业,拥有较强的专业实践能力和教育教学实践能力是成为卓越教师的必备条件,也是高校师范生综合素质和创新能力提升的重要体现。地理学主要研究地球表层各种自然和人文要素的相互作用机制及其时空演变规律,研究内容十分广泛,且与人们的生产和生活紧密相关,这就决定了地理学的实践性和应用性非常强。因此,高等师范学校地理科学专业无论从其师范角度还是学科角度,其实践

性都是非常强的。

创新发展高等师范学校地理科学专业“多层次、全方位、信息化”的实践教学是培养卓越地理教师的主要途径和方式。该方式可以促使高校实践教学规范化、系统化,促使实践教学指导共同体协同化、一体化,促使师范生职前教师素质养成自主化、专业化。

1.2 主要理论基础

所有改革内容均以认知学徒制理论为基础。该理论由美国教育心理学家 Allan Collins 和 John Seely Brown 于20 世纪80 年代提出,旨在培养学生的元认知技能,即“专家实践所需的思维、问题求解和处理复杂任务的能力”。认知学徒制既是一种理论,也是一种新的教学范式,主张学生在真实情景中学习,向包括教师、家庭、社区在内的社会整体学习,重视社会性交互和专家实践文化氛围的营造,注重策略性知识的学习而非单一学科领域知识,强调反思的重要性等。改变以往“教—授”式指导学习,教师采用学徒制的指导方式,具体方法包括“建模、训练、搭脚手架、清晰表达、反思、探究”[1]。

1.3 实践教学创新发展具体内容

1.3.1 全方位的实践教学

全方位的实践教学包括实践内容全方位、指导团队全方位、管理过程全方位和实践评价全方位4 个方面。

(1)实践内容全方位

根据实践内容不同,分为地理教育实践和地理专业实践两大类。

地理教育实践包括以下6 个方面[2]。

第一,名师示范。与平顶山市地理名师工作室合作,邀请名师定期到高校来做讲座、上示范课;到名师所在的学校听名师上课;在蓝月亮地理 YY 频道、CCtalk 在线观看名师磨课等。让学生初步从整体上感受名师的教学风格，学习名师的教学语言、教态特点，以及如何与学生互动等。

第二，教育见习。安排在第 2 ~6 学期，每学期至少安排一周的时间去有代表性的初中进行见习，组织形式可集中可分散，具体时间可根据实际情况灵活安排。见习内容包括一般见习内容（学校的地理位置特征，内外自然环境、社会环境和文化环境，学校发展历史及组织架构，教师的教学状态，学生的学习状态等）和专题见习内容（地理教学特色、地理教研特色、地理实验开展情况、智慧地理教室布置、学生学习地理的态度和效果等）。

第三，专业课程内的模拟实训。适合进行模拟实训的课程总体上分为三大类。一是教师教育通识类课程，主要包括《现代教育技术》《教师语言艺术》《教师礼仪》《班级管理》《书写技能训练》《粉笔画》和《教育科研方法》等；二是地理教学论和地理教学技能类课程；三是与中学地理教学关系密切的师范类专业特有的专业类课程，主要指《中国地理》和《世界地理》。这些课程本身要求学生进行课内实训，或“以学生为中心”进行课堂教学改革后增加了实训内容。

第四，现场教育实习。第 7 学期进行集中教育实习，实习学校主要为与学校签约的各类中学，学校的选择兼顾学校级别、区位、生源、所在地区经济发展条件等诸多因素，通过真实情景让学生切实感受以上因素对教学方法、教学内容、教学效果、班级管理、教研活动、心理教育等方面有何影响，同时培养师范生的教育情怀。

第五，教育研习。也叫教育反思，至少 2 周时间，在实习返校后进行。学生根据前 4 个阶段特别是教育实习过程当中存在的问题进行反思，并且写反思日志，反思的重点包括：反思教学、反思班级管理、反思教研活动、反思大环境对教学效果的影响。在指导教师的组织下，小组成员之间要对反思进行交流，相互学习，使学生在教育实践基础之上的教育理论和教育实践螺旋式提高。

第六，技能竞赛和教学类毕业论文。学生通过参加国家级、省级、院级、校级各类技能竞赛（地理说课、讲课、地理展示大赛、微课制作大赛等），进一步促进实践教学发展。技能竞赛和教学类毕业论文是检验、提升师范生基本教学技能和地理专业水平的重要途径。

地理专业实践总体上包括以下3个方面的内容[3]。

第一,地理过程实践。自然地理要素(气象气候、水文、地貌、地质、植被、土壤等)和人文地理要素(文化、政治、经济等)的观测和基本描述。地理过程实践伴随着相应课程进行校外集中实践或课内实验。该实践旨在让学生掌握基本的地理知识、地理原理、地理思维方式,具备基本的地理专业素养。

第二,地理技术实践。地理空间信息(包括地理大数据)的采集、处理、分析、模拟、显示和存储;遥感影像的基本处理、解译、分类;地图判读、地图要素的绘制等;主要统计学方法和机器学习方法在地理实践当中的应用等。

第三,综合应用实践。主要包括暑期实践、挑战杯、数学建模、地理类学科竞赛和毕业论文等。该实践以地理过程实践和地理技术实践为基础,解决生产和生活中遇到的实际问题,具有很强的实用性和综合性,着重培养学生的地理实践能力、地理应用能力和创新发展能力。

(2)指导团队全方位

首先,建立"大学—教育管理机构—中学"三位一体的实践教学共同体,共同搭建协同育人平台。三者在实践活动中共同参与、平等对话、互惠互利。高校要借助地方政府的力量,改变以往拼数量、拼规模的粗放式基地建设方式为重质量、讲内涵的集约型建设方式,分阶段、有计划地构建高质量的协同育人平台,有机融合校内、校外实践,统筹安排校内、校外指导教师[4,5]。

其次,根据托马斯等学者的建议,建立教师专业社群。由高校和中学建立"大学专业教师+中学优秀教师"混编的双导师指导模式。一方面聘请中学资深教师为高校兼职教师,担任基础教育导师,和大学专业教师一起现场指导学生实践;另一方面,大学教师除了随队现场指导,还要巡回到各实习基地进行指导。

最后,利用自媒体建立实习指导虚拟社区,使教师们随时可以进行远程指导。

(3) 管理过程全方位

对指导教师和师范生设计实践教学教师指导手册和学生操作手册[2]。手册内容包括不同实践阶段的目标、实施内容、重难点、实施步骤、学生的接受度等，并提供各种工作流程图、应用图表、模板。手册简洁明了、逻辑性强，能帮助学生快速掌握实习要点、记录重点，是师范生实践能力养成的脚手架，同时，确保动态监督和过程跟踪的有效实施。手册无论对学生还是教师，既是监督也是促进。

（4）实践评价全方位

实践评价全方位包括评价内容和评价主体的全方位。

评价内容的全方位：包括师范生的实践态度、讨论的参与度、具体实践成果、反思日志的深度与广度等，充分调动学生参与实践活动的积极性和主动性。

评价主体的全方位：参与评价的有“双导师”、实习学校带队老师、中学授课班级的学生和学生家长、小组成员等。评价重过程、重参与、重反思、重合作、重成长。评价标准倒逼学生学习方式多元化，在实践中学习、在过程中学习、在校园内外学习、在合作交流中学习、在不断反思中学习。

1.3.2　多层次的实践教学

首先，通识师范技能实践具有层次性：从学生进入大学的第1学期到第8学期，按照“普通话—三字—地理三板——教育信息技术——初、高中地理课标解读——综合教学与反思——校本课程初步开发——教育实习和教学研究”的顺序进行训练。

其次，实践能力的培养逐级递进：在名师观摩和见习阶段主要培养认知能力，在模拟实训和实习阶段主要培养体验能力，在教育研习、竞赛和毕业论文阶段主要培养内化能力。

再次，指导教师的指导方法具有层级性：根据认知学徒制理论，在认知能力养成期，指导教师以“建模”和“训练”法为主；在体验能力培养期，采用“搭建脚手架”和“清晰表达”方法；在内化能力形成阶段，采用“反思”和“探究”法。

最后，专业实践类型在难度、思维的广度和深度方面具有递进性：分为基础验证型实验、设计型实验和研究创新实验等。基础验证型实验着重培养学生掌握实验规范和基本操作的能力，实验内容为地理要素个体的识别、测定和判读等，如地质图的判读、四季星空的认识、主要地貌类型的判别及特点分析、土壤物理性状的测定、水质主要指标测定，以及降水量、蒸发量的测定等。设计型实验体现了地理要素的复杂性和关联性，需要多种学科知识、多种技术手段共同参与，如各类地貌成因分析、不同城市功能区的合理规划等，着重培养学生地理综合思维能力、人地关系协调能力和地理应用能力。研究创新实验着重培养学生的创新发展能力、团队协作能力和科学研究能力等，实验内容来自社会生活、工程实践中的现实问题，如土地利用规划对水质或 $PM_{2.5}$ 的影响、到某著名景区的最优路径选择、碳排放的空间关联等。

1.3.3 信息化的实践教学

在 TPACK 理论指导下[6]，在真实的教学和地理实践情景中，将地理知识、教学知识和技术知识三者有机融合在一起，有助于提高学生的专业能力、教学水平和信息素养。为此，在物理空间、资源空间和交流空间进行信息化建设[7]。

首先，物理空间信息化：包括硬件和实体空间的数字化。除了常规的移动终端设备、微格教室、电子白板和多媒体录播室外，根据地理专业特点，还需要设置数字星球教室。数字星球系统是其核心，是目前国内较先进的融合了 VR、AR 等技术的教学仪器，具有三维、动态、可交互等特点，能够在极短时间内将多种地理过程和地理现象展示在学生面前，能有效突破地理实践中的难点并直观形象地展示教学重点；改变地理教学方法，实现地理知识的 O2O。

其次，资源空间信息化：积极响应教育部号召，打造线上线下实践教学金课。目前，已建成 4 门校级精品在线开放课程、1 门省级精品在线开放课程。除了自建，还要通过全国教师教育网络联盟、中国大学慕课网、超星尔雅引进其他学校的信息化课程资源；加强与兄弟院校同类专业合作，积极进行合作共建，共享主要教学资源。

再次，将谷歌地球用于模拟实训和地理实习过程。谷歌地球上有十分丰富的遥感影像、航空影像和矢量图层资源，还能进行图层图像编辑以及 KML 脚本编程开发，是目前地理界备受推崇的一款教学软件[8]。

建设自然地理野外实习虚拟仿真系统，建立自然地理综合实习支撑数据模型,结合三维游戏引擎技术,模拟实习线路及水文、气象、土壤、地貌、植被等自然地理要素,进而降低实习成本,提高野外实习的认知度和安全性。

最后,交流空间信息化:在实践活动中,师生、生生之间可以通过自媒体及时沟通、交流,从而实现远程指导、答疑、反馈和评价等;通过学习通、钉钉、腾讯课堂、CCtalk 之类的 APP,可以直播授课、辅导答疑等。

1.4　结语

实践教学改革的终极目标是培养“专业基础扎实、勇于创新教学、善于综合育人和具有终身学习发展能力的高素质专业化创新型”卓越地理教师,为此,可通过以下几个方面促成本目标的实现。

(1)通过搭建“全方位、多层次”实践教学平台,探索在实践教学方面卓越地理教师培养的整体设计、分段设计途径。

(2)深化信息技术对实践教学的推动:虚拟仿真技术、数字星球系统和谷歌地球的应用,使实践教学的课程资源具备了交互性、情境化的特点;微格教室、大数据和云计算技术有助于有效诊断评价学生学习和教师教学状况,为教学决策、教学质量提高提供参考依据。

(3)完善全方位协同培养机制:包括“高校—政府—中学”协同育人,校内校外协同育人,职前职后协同育人,“教学实践—专业实践”协同育人,不同高校之间协同育人,培养目标、实践内容设置、资源建设、教学团队、质量评价、管理机制、保证机制等全流程协同育人。建立长期稳定的“高校—实习基地—政府”三方互惠共赢的协同培养机制,通过资源共享、专家讲座、教育课题合作、区域教育规划、教育实践设计等方面展开深层次、内涵式的合作。

(4)建设“高原化”的卓越教师培养师资队伍[9]:引导和推动地理教学论老师或地理教学方面的资深教师开展基础教育研究,提高教学研究水平、创新教学研究理论;通过共建中学名师工作室、中学导师人才库等,建设一支稳定的、能长期深度参与教师培养的兼职教师教育师资队伍;推动高校利用教科研优势服务中学,开展中学地理师资培训,将先进的教学理念、教科研成果及时融入到中学地理教学方法、教学内容、教学理念的更新中去。

参考文献

[1]黄兴帅.高师院校师范生教育实习模式的转变——基于认知学徒制的基本思想[J].中国高教研究,2014(5):77-80.

[2]项国雄,何小忠,周其国.基于大学—中学合作的“三层五段七化”师范生教学实践能力培养模式探索[J].中国大学教学,2013(11):65-68.

[3]朱爱琴,周勇,谢双玉,等.地理科学专业“模块式、层次化”实验教学体系构建与实践[J].实验室研究与探索,2011,30(10):116-119.

[4]张伟坤,林天伦,熊建文.“一体三维多元”师范生实践能力养成机制:构建与实践[J].青海师范大学学报(哲学社会科学版),2017,39(02):156-160.

[5]石洛祥,赵彬,王文博.基于卓越教师培养的教育实习模式构建与实践[J].中国大学教学,2015(05):77-81.

[6]白鑫刚.教师TPACK教学实践能力培养模式构建与路径选择[J].黑龙江高教研究,2017(10):108-112.

[7]汪丽梅,洪早清.现代信息技术与教师教育深度融合的实践与思考——以华中师范大学教师教育改革为例[J].教师教育论坛,2017,30(03):21-26.

[8]彭云龙,王婕婷.谷歌地球在初中地理教学中的应用研究[J].地理教学,2018(19):53-56.

[9]葛京凤.地理科学专业综合改革研究与实践:以河北师范大学为例[M].北京:科学出版社,2019:21.

第2章 地方高校转型背景下地理科学专业实验教学体系创新发展模式研究

首先分析了目前地理科学专业实验教学中存在的问题:缺乏综合型和创新型实验,实验内容与社会经济发展不一致;然后从培养目标、管理模式、实验内容3个方面提出了以就业为导向、以培养应用技能型人才为目标的地理科学专业实验教学创新发展模式。

2.1 研究背景

随着我国社会经济的不断发展,社会需要大批高层次应用技能型人才,而目前大多数毕业生无法满足市场或行业对高层次应用技能型人才的要求。要实现“人口红利”向“人才红利”的转化,人才培养目标和人才培养模式势必要改变。

地理科学是一门跨越了自然科学和人文科学的综合型和交叉型学科,旨在培养学生的地理思维和地理技能,使学生在掌握扎实的地理基础知识的基础上,能够系统地解决自然、社会、经济等领域与空间相关的复杂问题,或具备在地理科学方面进行教学或科研的能力。可实际情况是,毕业生和社会的需求相脱节,学生的就业率和就业满意度较低。实验教学是培养学生动手能力和解决实际问题能力的主要途径,要想实现学校和社会的“无缝连接”,必须认真找出目前实验教学环节存在的问题,然后有针对性地创新发展实验教学体系。

2.2 地理科学专业实验教学存在的主要问题

首先,实验多为认知型和验证型实验,缺乏综合型和创新型实验。学生对实验的认识仅限于教师的有限讲解,对知识向实验的迁移和转化能力不足,致使实验沦为走形式,学生做实验的积极性和热情受到较大影响。

其次,实验内容、实验方式的设计没有明确的市场导向性,没有反映出当前社会、经济、环境发展的特点。学生所学的在社会上用不上,社会需要的学生又不具备。实验设计没有充分考虑学生的认知规律,缺乏层次性。在实验课里教师讲的内容理论性较强,与实际联系太少。比如,在进行地理信息系统课程有关"缓冲区分析"的实验中,教师主要讲了用软件中哪个菜单、哪个命令来完成缓冲区分析,为了实验而实验,没有将缓冲区分析和实际生活结合起来,学生学习之后不知道在什么情况下去用。

2.3 实验教学创新模式

2.3.1 培养目标创新

在地方高校里,地理科学专业大多定位为师范类专业,以培养合格的中学地理老师为主要目标。中学教育实习所占时间较长,大约4个月。一部分不愿当老师的学生在教育实习中表现不积极,实习流于形式,甚至出现厌烦情绪。另外,中学对地理老师的需求有限,重视程度有限,即便有学生选择了去中学当地理老师,但就业满意度较低。鉴于此种情况,目标需要重新定位,除了面向中学培养高素质地理老师外,还要面向社会培养应用型、服务型的地理人才,以及面向科学研究培养地理科研人才。

2.3.2 "3+1"管理模式创新

在传统的实验教学中,多为"1+1"模式,即"任课老师+学生"的管理模式，老师讲、学生听，老师做、学生看，然后模仿，整个实验过程短而仓促，学生收获不大。“3+1”的管理模式是指“工程师+老师+研究人员+学生”的模式。

基于不同的培养目标，打造多元化的管理模式。教育型人才的培养主要依靠双导师制的方式，培养知行合一的“H”型教师。“H”型教师是既精通教育理论，又擅长教育实验，同时又能使理论和实验互补共生、均衡发展的复合型教师。双导师是指同时由校内、校外各一名老师担任学生的教育指导老师。校内老师由教学经验丰富的老师担任，负责教育理论传授和学术指导及职业规划方面的工作。校外老师由优秀的中学地理老师担任，负责教育技能、教育实验及职业道德方面的培养。双导师制不失为一种培养优秀中学地理教育人才的教学方式。

研究型人才的培养方式主要依靠课题参与，让学生参与到有科研项目的教师（特别是博士或教授）团队中，即“学生+科研导师”的模式，学生和导师之间实行双向选择，一旦选择了对方，这种稳定的学术型师生关系可以长期固定下来，直到学生大学毕业。在地方高校里，有些博士或教授的科研基础和科研能力相对较强，学校的科研项目大部分集中在这些人手中，这就为他们利用优势科研资源和科研平台为学生提供科研训练创造了机会，吸收学生进入科研课题也可以解决教师在数据收集、野外考察等环节人手不足这一普遍存在的问题。调查发现，这种培养模式对打算考研的学生有较强的吸引力，事实也证明在本科阶段接受过基础科研训练可以让学生更快地融入研究生阶段的学习，在考研录取中这些学生也更受研究生导师的青睐。另外，科研训练还可以为学生参加众多比赛助一臂之力，比如“挑战杯”大赛、GIS 应用大赛，甚至貌似与地理学相去甚远的电子商务大赛等，有科研基础的学生在这些大赛中更容易脱颖而出。

对于应用型或服务型人才的培养，可以结合所学课程，在课程实习中选择与相关企业或事业单位相结合，由这些单位工作经验丰富、业务技能精湛的工程师担任实习指导老师。如气象与气候学课程的实习可以去气象局，让学生将课堂上所学的理论知识运用到气象预报的实践中；城市规划课程的实习可以去城市规划研究院或城乡建设局，让学生跟着规划设计师们参与城市规划的诸多环节。诸如此类的实习既可以让课堂上抽象的、枯燥的、呆板的理论知识变得更加具体化、形象化、灵活化，又可以让学生变被动学习为主动学习。在实习中，由于学生所做的事情都直接服务于社会，这会让他们觉得自己做的事情很有意义，课堂上所学的知识很有用，进而增强他们的自我认同感和社会责任感。反过来，这也会增强他们在课堂上学习的动力，进一步明晰学习的方向，进而形成学习中的良性循环。“工程师+学生”的管理模式可以避免书本知识与社会需求的脱节，使学生在上学期间即可亲身感受真正的工作环境，熟悉业务流程，投身到为社会服务的实践中，这样学生毕业后就成为身经百战的“成品”，也将受到用人单位的欢迎。

以上 3 种管理模式都要求室内实验与野外考察相结合、基础实验与应用创新实验相结合、课程实验与行业实践相结合。

2.3.3 实验内容创新

根据实验内容的难易程度及所涵盖的知识基础，将实验分为.个层次：基础实验、综合型实验和创新型实验。

基础实验一般为教材里所要求的实验，伴随着课堂教学进行，多为验证型实验。基础实验旨在培养学生基本的实验技能，熟悉实验流程和仪器的使用，要求学生掌握基本地学原理。基础实验分为一般基础实验和专业基础实验，一般基础实验为所有实验的基础，主要包括大学化学实验和计算机程序设计基础。大学化学实验的目的主要是让学生掌握化学反应的基本规律、仪器分析方法、溶液的四大平衡及其分析方法等；计算机程序设计基础的目的是让学生掌握一门计算机编程语言，为以后建立模型做深入分析提供技术基础。专业基础实验主要指专业基础课所对应的相对独立的基本实验。其中自然地理方向的专业基础课主要包括：地质学基础、地球概论、水文学、植物地理学、土壤学、地貌学、气象学与气候学等；专业技术课程包括 GIS、遥感概论和地图学；人文、经济地理方向的课程主要指人文地理学和经济地理学。

综合型实验是将多学科知识有机组合在一起，运用多种技术、方法手段来解决某一综合型实际问题的实验，其实验内容包含多种相互联系的地理元素。综合型实验旨在培养学生宏观地理思维能力及综合运用地理知识解决实际问题的能力。比如对区域旅游资源的评价，评价内容需要用到自然地理、经济地理、人文地理方面的多种知识,而评价方法和手段又需要借助地理信息系统和遥感技术。综合型实验对应的课程包括:区域分析与规划、区域调查方法、旅游开发与规划、土地利用规划等(规划类),现代教育技术、地理教学论、班级管理等(教育教学类)。

创新型实验旨在培养学生的创新能力和研究能力,使学生在已有的知识储备基础之上,能在技术手段、方法上有所创新或者有新的发现,甚至在理论上有所创新。该类实验对学生思维的广度、深度及灵活性方面要求较高。创新型实验来源较广,包括教师的科研项目、学生毕业论文、学生的科研立项、"挑战杯"大赛、GIS 大赛、创业大赛等。创新型实验往往涉及学科较多,社会响应面较广,学术或应用价值较大,备受学生欢迎,因此对指导老师的要求也较高。必要时,学校可根据自身师资力量、地方需求规模、地方社会经济发展政策等,联合社会力量,采取"学校+企业"或"学校+农户"的方式共同完成此类实验,以期收获良好的社会效益、经济效益和环境效益。例如,经济发展与生态环境耦合发展机制研究、土地利用变化的水环境响应模拟。

以上3种实验在教学中都要强调学生自主学习,充分调动学生的主动性和学习热情,在实验前、实验中、实验后都要让学生发挥主观能动作用,以"学生为中心"开展丰富多彩的实验活动,促进学生能力的发展。

2.4 结语

地理科学是一门实践性较强、社会覆盖面较广的学科,实验教学是提高学生技能的重要途径。目前是地方本科院校向应用技能型大学转型的关键时期,而实验教学的创新是转型成功的决定性因素之一,地理科学的综合性特点要求在人才培养方面必须联系社会发展的实际,在实验教学培养目标、实验教学管理方式和实验教学内容方面进一步发展创新。只有这样才能培养出适合社会发展需求的新型地理人才,才能提高学生的就业满意度。反过来,才会有更多人自愿投入到地理科学事业的发展中。

参考文献

[1]蔡运龙. 地理学人才结构与课程体系[J]. 中国大学教学,2007(9):19-20,28.

[2]李旭,李守中,杨玉盛. 高校地理实践教学改革驱动因素及其趋向探析[J]. 中国大学教学,2008(9):75-77.

[3]张红日,明艳芳,米晓红. 自然地理学实验教学模式探索[J]. 实验室研究与探索,2008,27(9):119-143,143.

[4]孙贤斌,傅先兰,赵咏梅. 响应社会需求的应用型本科高校实验课程体系构建——以地理科学专业为例[J]. 皖西学院学报,2011,27(5):61-63.

[5]朱爱琴,周勇,谢双玉,等. 地理科学专业"模块式、层次化"实验教学体系构建与实验[J]. 实验室研究与探索,2011,30(10):116-119.

第3章 微课融合对分课堂在高中地理教学中的应用

在教育信息化改革的大背景下，高中地理课堂教学方法和手段均面临着较大挑战。本研究将微课融合到对分课堂教学模式中，并以高中地理“交通运输布局及其影响”一节课为例分析了该模式的具体操作方法。该教学模式旨在提高学生的课堂参与度，提高学生的探究能力、自主学习能力和地理核心素养。

3.1 研究背景

地理是中学非常重要的一门基础课，在培养学生可持续发展观念、空间思维能力、区域认知能力等方面具有其他课程不具备的优势。高中地理的总目标是从地理的角度进行“立德树人”，课堂教学是完成这一目标的主要途径。然而，目前的课堂教学存在一些问题，比如教学方法仍以老师讲授为主、现代信息技术应用较少等，导致当前地理教学模式单一，学生参与度和积极性都不高，同时不利于教师教学热情的提升。尤其是在重难点知识的掌握上，学生的学和教师的教都面临着很大压力。

对分课堂(PAD)教学模式将课堂时间一分为二，一半时间属于教师，一半时间属于学生，通常包括教师教授(Presentation)、内化吸收(Assimilation)和讨论(Discussion)三个环节，后面两个环节需要学生深度参与，其中内化吸收主要在课下完成。该方法旨在通过提高学生的参与度，培养学生的自主学习能力和创新能力，最终提高学生的核心素养。对分课堂是由复旦大学张学新教授根据我国学情提出来的一种本土化的教学模式，在国内诸多学校和课程中均成功得到应用。微课由于时间短、内容少、主题集中、设计巧妙、传播方便等特点深受学生欢迎,微课特别适合自主学习。鉴于对分课堂和微课的上述优点,本文将二者融合到高中地理课堂教学中,不仅能摒弃传统教学模式所存在的弊端,而且能有效提高学生的学习积极性和学习兴趣,提升教学效果。本研究以人教版高中地理必修二第五章第一节《交通运输方式和布局》中的难点为例,分析如何将对分课堂和微课用到课堂教学中。

3.2 “微课+对分课堂”的教学程序

“微课+对分课堂”的教学程序分为以下几部分。

(1)课前学习:微课为学生的提前学习提供了资源和条件,为了提高课堂教和学的效率,在正式上课前,老师梳理教学的重难点,并把这些重难点以微课的形式呈现给学生。

老师在做微课的时候要注意以下几点:①知识性和趣味性相统一;②最好制作互动式的微课,让学生在看微课的时候除了眼睛看,还要动脑思考、动手操作,在进行知识输入的同时,还要进行知识的输出;③看完微课,还要给学生布置一些有针对性、难度较小、与微课内容关联性较强的小练习,通过练习可以检测学生对重难点的基本把握情况,同时也有利于老师有针对性地备课及讲课。

(2)讲授阶段:根据微课学习的反馈情况,老师对重难点进一步讲解、梳理,此时的讲解并非对微课内容的简单重复,而是对微课内容的有效补充或延伸。此阶段的讲解要留白,切忌讲得太多,以便为学生后期的消化吸收和讨论留下一定空间。

(3)内化吸收阶段:内化吸收主要在课下进行,学生通过微课再学习、做作业、测试等方式完成要点的内化和吸收。老师鼓励学生在此阶段进行反思和协作学习,充分把学生的主观能动性调动起来,鼓励学生在平台上多交流讨论,老师要多关注学生在线的讨论和存在的问题,对一些集中性的问题在线及时解答。通过此阶段,学生的自主学习能力和协作沟通能力将得到较大提升。

(4)讨论阶段:在此阶段,老师是主要组织者和引导者,学生是主要参与者,通过"亮、考、帮"的方式参与到互动和讨论中,通常以小组协作的方式通过情景模拟、角色扮演、辩论、相互评分等活动进行。该环节的问题多为开放性问题,且形式活泼、类型多样,可以培养学生学以致用的能力,并且加深学生对所学知识的了解,促进学生的有效学习和深度学习。

3.3 "微课+对分课堂"在高中地理教学中的实践

3.3.1 讲授内容及学情分析

以高中地理人教版必修二第五章第一节《交通运输方式和布局》中的难点"影响交通运输布局的因素"为例进行微课制作和课堂教学。

(1)学习目标:通过观看微课,理解影响交通运输布局的因素。

(2)学情分析:本节课的授课对象是高一下学期的学生,学生个性普遍突出,对新鲜的、有趣的事物有强烈的好奇心。从已有的知识结构看,学生在前面几章中已经学习了农业、工业等知识,为本节课的学习奠定了基础。但是由于成长环境差异大,学生对管道等交通运输方式的认识和体验有所欠缺,在新情境下提取有效信息、调用知识不足,综合分析、解决问题的能力不足。

3.3.2 微课设计特点及课前微课学习

《影响交通运输布局的因素》微课时长5分35秒,制作工具为万彩动画大师、InShot视频编辑软件。具体设计流程见表3-1。

表 3-1 《影响交通运输布局的因素》微课设计

教师行为	呈现方式	设计意图
数据看中国:70 年,交通运输铺就强国枢纽通途(抖音短视频)。该视频为微课导入	视频	以数据看中国这一抖音短视频作为导入,一是用数据凸显我国交通运输的快速发展,科学而有说服力。二是抖音短视频深受人们喜爱,学生也不例外,以抖音短视频做为导入,迎合学生的兴趣,激发学生的求知欲。三是震撼人心的抖音短视频能够激发学生对祖国的热爱和自豪感
从刚才的视频中,我们可以感受到我国交通事业的飞速发展,在为祖国自豪的同时,老师提问:影响交通运输布局的因素究竟有哪些呢?	卡通动画演示,并配有卡通教师角色	通过这一问题,引发学生的深思,为下面的学习做铺垫
自然因素是影响交通运输布局的重要因素	影响交通运输布局的自然因素有地形、地质、水文、气候等,对这几方面因素是如何影响交通运输布局的进行讲解,并配有相关的抖音短视频	视频与讲解相结合,增加真实性,让学生有身临其境的感觉
社会经济因素也是影响交通运输布局的重要因素	社会经济因素中影响交通运输布局的因素有经济发展、资源开发、民族团结、巩固国防等,对这几方面因素是如何影响交通运输布局的进行讲解,并配有卡通教师角色以及相关图片	让学生认识到影响交通运输布局的因素不仅有自然因素,还有社会经济因素。而呈现方式的设计使学生更有代入感

续表 3-1

教师行为	呈现方式	设计意图
技术因素是交通运输布局的保障	动画演示和解说技术因素对交通运输布局的影响	让学生认识到随着科学技术的发展,人们已能够在地质条件比较复杂的地区克服各种难题,建成道路,先进的科学技术是交通运输布局的保障
对以上因素进行总结归纳	以动画教室为背景,用结构框架的形式来总结	通过总结归纳,让学生形成完整的知识体系
请同学们暂停微课,完成进阶练习1	呈现两道选择题或填空题	让学生进行自我评估,起到趁热打铁、巩固知识的作用

该微课主要让学生学习和掌握影响交通运输布局的一般性因素,并与对分课堂教学方式相结合分析案例"南昆铁路建设的区位因素",进而让学生掌握影响交通运输布局的因素,学会分析某一地区交通运输布局的意义。影响交通运输布局的因素是本节课的难点,教材中主要分析了南昆铁路建设的区位因素,如果采用传统图文结合的方式来学习这部分内容,会显得枯燥。在此采用微课的方式,首先通过观看微课,学习影响交通运输布局的一般因素,再通过对分课堂教学方式进行案例分析,让学生用学到的知识来分析案例,培养学习的知识迁移能力及综合分析问题和解决问题的能力。微课与对分课堂教学方式相结合,新颖而又有趣,两种方式相互补充,实现课堂教学模式的多样化,进而达到较好的教学效果。

针对该微课布置的小练习是选择题和填空题等常规题型,所有题目均围绕着教学难点来设计。

3.3.3 课堂讲授

根据微课学习的反馈,发现大多数学生对"各因素是如何影响交通运输布局的"这个问题不太清楚,只能机械性地记忆各影响因素。比如在自然影响因素当中,地质是如何影响交通布局的?在经济因素中,产业结构不同怎样影响交通运输布局?人均 GDP 和交通运输布局的关系是什么?科技发展水平又是如何影响交通运输布局的,等等。因此在讲授阶段,老师就针对学生当中普遍存在的这些问题做统一拓展性讲解。

3.3.4 内化吸收

内化吸收通过线下进行。在线下,老师布置一系列开放性的作业,该阶段的作业相较于课前作业即微课后的小练习,更加具有开放性、系统性和复杂性,注重培养学生的探究能力、综合思维能力、区域认知能力以及地理实践力等。例如,让学生调查所在区域交通布局与当地自然环境和经济发展的关系。要完成这项任务,学生首先要去野外考察,或者查阅大量资料或者走访相关政府部门,来了解当地的地质、地貌、气候、气象、水文等自然条件,然后再分析这些自然条件是如何影响当地交通布局的。这些任务虽然具有一定的挑战性,但对学生能力的培养作用是非常大的。在线上,鼓励学生多提问,多展示自己的成果,如调查的图片和视频、获取的数据等资料。

3.3.5 讨论

讨论主要采用两种形式进行:①朗诵古诗词,分析古代的交通方式及其影响因素,如"一骑红尘妃子笑,无人知是荔枝来""两岸猿声啼不住,轻舟已过万重山"等;②角色扮演:让学生分别扮演交通局局长、发展改革委主任、地质调查队队长、气象局局长、市长等,每个角色从自身专业出发对学校所在地5年后、10年后的交通进行规划。讨论后每组派代表将交通规划图画出来,并进行自评和他评。在这个环节,老师的角色是活动组织者、监督者、调控者、答疑者和施助者。

3.3.6 教学评价

微课融合对分课堂的教学模式的教学效果如何,需要通过教学评价进行衡量,老师的教和学生的学都要被评价,评价主体包括老师评价、学生自评、学生互评、小组内评价、组间评价等,既有过程评价,也有结果评价。对老师的评价主要从以下几个方面进行：微课质量、答疑、互动、课堂活动组织、辅助学习资料丰富度、作业是否反映课标要求、学生成果点评等。对学生的评价维度包括：练习及作业的完成情况、“亮、考、帮”的次数和质量、课堂讨论参与度、团队合作度、成果质量等。通过评价，老师可以进一步完善教学计划、调整教学内容和方法；学生根据评价结果可以及时了解自己的学习行为和学习效果，并做出相应调整。

3.4　结语

微课为“先学后教”及学生的泛在式学习提供了条件，而对分课堂真正体现了“以学生为中心”的教学理念，二者的融合改变了传统的教学模式，教学效果也明显提升。文章以“影响交通运输布局的因素”为例，从课前微课学习、课堂讲授、内化吸收、课堂讨论几个方面探讨了微课融合对分课堂的教学模式的具体实施方式，并介绍了针对这种教学模式的教学评价方式。实践证明，微课融合对分课堂的教学模式充分体现了“以教师为主导，以学生为主体”的教学理念，能激发学生的学习兴趣、探求知识的自觉性及培养学生自主学习的意识，也更加符合当下高中生的认知特点和个性化学习需求；同时也有助于教师及时革新教学资源、教学手段和教学方法。该研究为高中地理课堂教学改革提供了参考、积累了经验。

参考文献

[1]焦建利. 微课与翻转课堂中的学习活动设计[J]. 中国教育信息化，2014(24)：4-6.

[2]黄靖钰. 分层教学导向下的高中地理微课程设计——以人教版“工业的区位选择”第 1 课时为例[J]. 地理教学，2018(21)：38-40，43.

[3]黄芳，刘金锤，王瑞华. 基于对分课堂的高中地理创新型教学模式研究[J]. 中学地理教学参考，2017(14)：4-6.

[4]程英姿.试论“对分课堂”教学改革中的观念颠覆[J].教育教学论坛,2020(15):149-151.

[5]马力,张琼声.基于对分课堂教学模式的改革探索[J].教育教学论坛,2019(22):107-109.

第4章 信息技术条件下高中地理课程学生自主学习模式研究——以《旅游地理》为例

如何将信息技术和传统教学结合，提高学生学习效率，培养学生自主学习能力，是当前高中地理教学研究的热点之一。本研究首先分析了信息技术条件下自主学习的特点和影响因素，然后以高中地理选修3《旅游地理》为例，探讨了基于支架式教学策略的高中地理课程自主学习模式的构建方法，分别从搭建支架、引入情境、独立探索、协作学习和多层次评价5个方面详细阐述了如何运用信息技术促进学生的自主学习。

4.1 研究背景

《国家中长期教育改革和发展规划纲要(2010—2020年)》中规定“鼓励学生利用信息手段主动学习、自主学习，增强运用信息技术分析解决问题的能力”。由此可见，信息技术在教学中的应用有助于培养学生的自主学习能力。地理是高中课程中非常重要的一门课，在培养学生正确的环境观、可持续发展观方面具有其他课程无法比拟的优势，信息技术与高中地理课堂教学的结合是高中地理教学改革的一种趋势，在二者的结合中如何构建高中生自主学习模式是业界研究的热点问题之一。本研究以高中地理选修3《旅游地理》为例，探讨在高中地理教学中如何构建学生的自主学习模式。

4.2 信息技术条件下自主学习特点及影响因素分析

4.2.1 信息技术条件下自主学习特点

自主学习是指学习者在教学目标和教学计划的制订、教学内容和教学方法的选择、教学过程调控、教学结果评价方面能体现出个体的主体性、主动性、自控性和自觉性[1]。根据相关研究,现将在线自主学习特点总结如下[2-3]。

学生主动参与知识的建构:学生的知识获得途径不是依赖老师的单向传递,而是在一定的情境下,通过师生、生生之间的协作和对话来获取知识的建构。学生的主体性、主动性、积极性和创造性在知识建构过程中起着非常重要的作用。

老师角色多样化:老师不再是知识的传递者,而是自主学习的组织者、促进者、解惑者、引导者和资料库的创建者。老师身兼多职,不仅要精通专业知识,更要熟练掌握现代信息技术,拥有较强的组织能力和沟通能力。

学习方式多元化:传统学习方式以接受式学习为主,信息技术条件下的自主学习以数字化学习、探究式学习、开放式学习和协作式学习为主。

泛在学习:现代信息技术为学习者打造了一个可以随时随地学习任何内容的泛在环境,为自主学习甚至终身学习提供了平台上的保障。泛在学习让个性化定制式的学习成为可能。

4.2.2 影响因素

研究发现,影响自主学习的主要因素包括自我效能、自我调节和自我评价[4-5]。

自我效能是指在特定情境下个体对自己完成某项任务所需能力的信心。自我效能高的人往往主动确立具体学习目标、选择合适的学习策略,并且拥有较强的自我监控能力,因此更容易成功。

自我调节主要通过自我激励、认知策略和目标确立影响自主学习。自我激励是学生在逆境中坚持学和想学的基本保障。认知策略可以让学生采用高效的方法解决问题,产生事半功倍的效果;让学生产生成就感,进而促进学生自主学习。目标确立应遵循“最近发展区”理论,不能太难,也不能太简单,要让学生能够“跳一跳,摘到桃”。

自我评价是指以学生为中心,对自身学习策略、学习过程及学习能力进行评价。自我评价的过程也是学生自我完善、自我反思、自我提高的过程。相对于教师评价或他人评价,自我评价在形成性评价中更加重要[6]。

4.3　基于高中地理选修3《旅游地理》的学生自主学习模式构建

自主学习并非教师什么都不做而让学生独自学习,相反,教师需要借助合适的教学手段、选择合适的教学资源,并使用科学的教学策略帮助学生自主学习,提高自主学习的效率。支架式教学策略被实践证明是一种有效的、能够帮助学生进行自主学习的策略[7]。建构主义教学理论认为学生知识的获得并非被动的接受,而是在已有知识和经验的基础上,在一定的情境中通过与外界的相互作用、并在意义建构的过程中获得的。维果斯基的“最近发展区”理论认为在学生已有的发展水平和潜在的发展水平之间有一个差异,这个差异叫“最近发展区”,教师的作用就是帮助学生在最近发展区内搭建支架,让学生从较低的已有发展水平沿着“支架”攀升到较高的潜在发展水平。支架式教学策略就是以上述的建构主义教学理论和“最近发展区”理论为基础而确立的。该策略包括5个环节:搭建支架、导入情境、独立探索、协作学习、多层次评价。本研究以高中地理选修3《旅游地理》为例,探讨在信息技术的辅助下如何培养学生的自主学习能力。

4.3.1　搭建支架

搭建支架是支架式教学策略的核心。搭建支架的方式有很多,具体选择什么样的支架取决于学情和教学内容特点。《旅游地理》主要包括4个方面的内容:“旅游资源的类型与分布”“旅游资源的综合评价”“旅游规划与旅游活动设计”及“旅游与区域发展”，针对这4个主题分别采用资源支架、问题支架、工具型支架和范例支架，支架类型及其所对应的主要学习内容、教学方法和信息技术见表4-1。

表4-1 《旅游地理》主要学习内容的支架类型、教学方法和信息技术

支架类型	主要学习内容	教学方法	信息技术
资源支架	旅游资源类型、不同类型之间的区别	演示法、讲授法	基于局域网的本地资源、旅游专题网站等
问题支架	旅游景观的审美特征及审美方法、旅游资源综合评价	范例法、发现法	虚拟现实、BBS、模拟软件、多媒体教学软件等
工具型支架	旅游规划基本内容、景区规划设计	参观法、范例法	虚拟现实、GIS、专家系统、规划类网站等
范例支架	旅游发展对区域的影响	讨论法、暗示法	在线留言板、文献库、视频库等

资源支架：丰富的学习资源和畅通的获取资源的渠道是学生进行自主学习的基本保障，以互联网和移动互联网为代表的信息技术为这种保障的实现提供了可能，信息技术支持下的资源包括本地资源、远程资源和泛在资源3类[8]。第一课时《旅游资源的类型与分布》难度不大，但学生对该部分的认知缺乏系统性、完整性和专业性，网络上的相关信息比较多，所以学生先通过基于互联网的泛在资源获得对旅游资源的系统性和完整性的认识。为了防止学生在太多资源面前出现“信息迷失”，需要教师的适当引导和干预，本地资源和远程资源是教师按照教学目标制作的局域网学习资源。

问题支架：问题支架通过设置问题，激发学生的兴趣和探究欲望，并引导学生沿着支架一步步攀升至教学目标规定的高度。问题的设置要注意以下几点：不能太宽泛，以免学生的思维偏离正常轨道；不能太抽象，过于抽象就会显得空洞，要接近生活实际和学生认知范围；问题要具有开放性、递进性和启发性，要给学生思考的空间，要留有悬念，答案不唯一，可供学生讨论。如“尧山美在哪里？”“什么地方、什么时间才能更好地欣赏到尧山的美？”“为什么尧山步移景异？”，这3个问题由浅入深，层层递进，同时又具有交互性。

工具型支架:这里的工具是指为帮助学生完成自主学习任务而使用的各种网络平台或软件。各种信息类工具具有传统教学工具无法比拟的优势,它能使学生对信息进行输入式再加工[9],改变信息表达形式,进而加强学生的自主学习意识。旅游规划是一项操作性和实践性非常强的活动,单纯的理论讲授会让学生觉得枯燥无味,抽象难懂,虚拟现实技术具有交互性、沉浸感和多感知性等特点,容易引起学生的兴趣,激发学生的好奇心和想象力,在充满知识性和趣味性的环境中完成自主学习。MapInfo 等 GIS 软件和湘源控规等规划软件的使用,一方面可以提高学生的动手能力,另一方面能增加学生的成就感,进而增加学习的自觉性和自主性。各种旅游规划类网站为学生提供了拓宽自己专业视野、了解最新发展动态的平台,为学生自主学习指明方向。另外,网站中众多旅游规划案例让学生明白所学知识正是社会和市场发展所需的,从而增加学生学习的动力。

案例支架:暗示法又叫启发式教学法,而案例是进行启发式教学的有效方式之一,是连接社会现实和课堂教学的桥梁,案例启发式教学的运用符合思维由感性到理性、由具体到抽象的发展规律。"旅游发展对区域的影响"是一个社会热点问题,也是学生比较关心的话题,可从视频库中调出与主题密切相关的视频,比如选取杭州西溪湿地分析旅游对生态环境的影响,选取浙江湖州的乡村旅游分析旅游对就业和经济的影响等,诸如此类的视频资源很丰富。通过学习生动的视频,学生明白了旅游对区域生态、社会和经济的影响是复杂的,既有正面影响,也有负面影响。活生生的案例容易引起学生的情感共鸣,使学生印象深刻,并加深学生对本内容的理解,同时也容易激起学生的探究欲和表现欲。学生的表现可以通过课堂讨论的传统方式进行,也可以通过在线留言板畅所欲言,特别是对那些个性内敛的学生来说,在线留言板是一个非常好的表达自己思想观点的平台。

4.3.2 导入情境

古人云"感人心者,莫先乎情"。情境导入是指创设或建构与讲课主题相关的物质环境或氛围,使学生产生身临其境的感觉,利用已有的知识经验来同化新知识,并使新知识衍生出特殊意义。情境将抽象的描述形象化、枯燥的理论生动化,能极大提高学生的学习热情和积极性,启迪学生智慧,甚至震撼学生心灵。以多媒体和互联网为主的信息技术改变了传统教学中以文本为主的静态信息传递形式,变成以音频、动画、影像等超文本为主的动态信息传递,使情境创设方式呈现多元化,在培养学生多种智能(语言智能、空间智能、人际智能、音乐智能、探索智能、逻辑智能、内省智能等)方面有着较大优势。

在讲"旅游景观的审美特征及审美方法"时,以西湖景区为例进行情境设置。根据任务内容不同将学生分为8个组:西湖十景组、景观规划组、园林植物组、建筑文化组、宗教文化组、名人文化组、博物馆文化组和茶文化组。每组负责搜集、展示西湖景观的一个方面,8个组的工作内容涵盖了西湖景观的几乎全部构景要素。搜集资料主要通过网络进行,展示的方式不拘一格,图片、视频、音乐、动画、配乐诗朗诵、借助虚拟场景进行角色扮演等均可。基于信息技术的多种信息呈现方式能使学生受到多种外部刺激,从多个角度加深对相应知识点的理解和消化。需要注意的是,各种展现方式并非简单堆砌在一起,而是要根据内容特征、教学培养目标和学生认知规律进行安排,要做到知识性、趣味性、启发性和简洁性的统一。

4.3.3 独立探索

独立探索并非教师放手不管,此时教师的角色是引导者、组织者、评价者,学生的角色是探究者、创新者、思考者,既有课堂内的独立探索,也包括课堂外的独立探索。在课堂内,通过创设问题情境激发学生的求知欲,鼓励学生主动"生疑—质疑—释疑—激疑",进而形成以问题为主线,学生孜孜以求的课堂教学形式。问题情境的创设方式可以立足于学生已有的知识储备、学生的兴趣、实际问题的解决、情境模拟等。信息技术有助于问题情境的设立,通过渲染气氛,调动学生的多种感官,启发学生展开想象和联想,促使学生努力成为一个探究者。

在课外独立探索阶段,学生可以借助思维工具或学习软件将书中的概念、特征、原理等抽象的知识元素用特定符号进行可视化表达,概念地图和思维导图就是常见的辅助学习工具,XMind、MindMapper 等是常用的思维导图类软件,这些软件可帮助学生整理混乱的思路、科学处理数据、合理安排任务、及时查漏补缺，使整个独立探索过程更加清晰、顺畅、高效。在“选择旅游线路”部分，需要遵循多项原则，且影响因素复杂，徒手设计不太现实，借助思维导图类软件和相关GIS软件便能较好地完成任务。

4.3.4 协作学习

自主学习并不是独自地、封闭式地学习，它需要和其他人进行合作互助、交流沟通，即进行协作学习。协作学习的主要作用就是通过成员之间的协作来促进个体的学习，其理论基础是社会建构主义理论、社会文化理论和认知分享理论[10]。协作小组一般以2～4人为宜，成员之间在知识结构及能力方面要具有互补性，协作学习环境是保障协作活动顺利进行的基本条件，以互联网为支撑的虚拟空间是进行协作学习的理想环境。信息技术在协作学习过程中主要起到两个方面的作用：①学习工具：小组成员合理分工，为完成某一项任务，通常需要借助互联网或教师提供的信息资源库来搜集信息或寻找解决问题的方法。②交流媒介：信息技术作为师生、生生之间的交流平台，能使信息的传递和反馈更加便捷。每个团队可以建立自己小的交流群，全班建立大的交流群，每个学生可以将自己的发现及时发到群里跟大家共享，将知识外化，也可以将自己的疑问发到群里寻求帮助。《旅游地理》中每一个重点都是相对比较开放的话题，在信息平台上大家可以百家争鸣，通过思维的碰撞产生智慧的火花，多角度、全方位地探索要点，进而促进知识内化以及学生差异化思维的发展。

4.3.5 多层次评价

高中地理新课标规定对学生的评价要多元化，多层次评价是指在评价内容、评价主体、评价方法和评价形式等方面的多元化，信息技术的使用为多层次评价的实施提供了技术保障。评价是对教学过程的有效反馈和诊断，科学的评价可以对教学过程起到调控和激励作用。①评价内容：就《旅游地理》课程来说，不仅要关注学生对教材知识点的掌握情况，还要考查学生获取和处理信息的能力、信息平台的操作能力、与他人的合作沟通能力、旅游规划与线路设计能力、旅游景观审美能力、学习态度及对目标的执行情况等。②评价主体：包括自我评价、学生互评和教师评价，评价主体的多元化有利于获取更多反馈信息,使评价结果更加客观,同时也使更多评价者从评价中受益。自我评价有利于学生自我检查和自我激励,学生互评有利于学生之间相互学习、取长补短,教师评价可以促使教师及时调整教学策略、提高教学效率。③评价方法:教学活动开始前为了解学生水平或准备情况,需要进行诊断性评价;教学过程中为及时掌握学生学习状态、改进教学工作,需要进行形成性评价;教学结束后为全面了解学生最终的学习成效,需要进行终结性评价,三种评价方法有机结合在一起形成多层次评价[11]。④评价形式:电子档案袋评价是国际上公认的比较有效的基于信息技术的过程性评价方法。学生将自己在学习过程中每个阶段所取得的成绩、设计的作品、自己或他人对自己的评价等收集起来并存放在一个文件夹里,通过网络平台传给教师[11]。电子档案袋评价为教师跟踪学生学习进度提供了很好的材料,同时也促使学生及时进行自我评价。

4.4 结语

自主学习能力是培养学生创新能力的主要方式,如何用信息技术促进学生自主学习是目前教育界研究的热点问题之一。研究以高中地理选修3《旅游地理》为例,分析了基于信息技术和支架式教学策略的自主学习设计模式,着重从搭建支架、导入情景、独立探索、协作学习、多层次评价5个环节分析了信息技术在培养学生自主学习能力方面的应用方式。

参考文献

[1]庞维国.从自主学习的心理机制看自主学习能力培养的着力点[J].全球教育展望,2002,31(5):26-31.

[2]王玉兵,赵在民.自主学习特点及其教育环境构建[J].中国教育学刊,2003(1):40-42.

[3]梁田,王春艳,何远德.在线自主学习特点类型及教师角色定位分析[J].西南民族大学学报(人文社科版),2008,29(S3):198-200.

[4]宋伟,张学和,胡海洋.远程自主学习者个人学习因素研究[J].中国电化教育,2010(01):47-53.

[5]高玲.信息技术环境下英语自主学习模式研究[J].中国电化教育,2006(06):59-61.

[6]宋艳萍,林芸.论英语学习中的自我评价与自主学习[J].教学与管理,2007(09):93-94.

[7]高艳.谈建构主义学习理论指导下的支架式教学——以化学教学为例[J].中国成人教育,2013(18):162-164.

[8]陈晓慧,李馨.基于信息技术的自主学习环境创设[J].中国电化教育,2003(04):13-16.

[9]张炳林,宁攀.支架式教学法及其在高中化学教学中的应用[J].中学化学教学参考,2007(4):5-7.

[10]李克东.信息技术环境下基于协作学习的教学设计[J].电化教育研究,2000(4):7-13.

[11]陈万平,初春红,初红霞.浅议信息技术环境下的学习评价[J].曲阜师范大学学报(自然科学版),2008,34(1):125-128.

第5章 线上对分课堂在初中地理课堂教学中的应用研究

本章基于四元教学理论，探讨将线上对分课堂教学模式用在疫情期间初中地理课堂教学中的方法。教师通过QQ群共享屏幕；内化吸收通过学生线下独学和反思实现；课堂讨论以分组的形式通过QQ群语音功能进行；最后，教师通过直播对共性问题进行集中答疑。该方法有助于提高学生学习兴趣、互动质量和学习效率。

5.1 引言

网络教学成为课堂教学的必选项，传统教学模式难以适应大规模在线教学，而老师和学生又普遍缺乏线上的教和学的经验，使疫情期间的线上教学充满了挑战。复旦大学心理系张学新教授立足中国教育实情，推出了线上对分课堂(PAD)教学模式，效果良好，受到广大师生欢迎。本章以人教版七年级地理下册第八章第四节《澳大利亚》第一课时为例，探讨线上对分课堂在初中地理课堂教学中的具体操作模式。

5.2 线上对分课堂简介

线上对分课堂就是传统的对分课堂教学模式在线上教学中的应用，对分课堂的理念是将课堂一分为二，教师和学生在课堂时间和任务方面均对分，宗旨是提高学生在课堂教学中的参与感、提高学生自主学习能力。对分课堂包括当堂对分和隔堂对分，线上教学更适合隔堂对分。

张学新教授提出线上对分课堂必须贯彻四元教学理念，该理念认为教学是一个规范化的流程，包括教师讲授、学生独学/作业/反思、同伴讨论（互相答疑、互相评价）和教师答疑（共性答疑、集中评价）4个环节，即四元。四元的先后顺序有严格要求：教师必须先讲，讲完之后学生才能学，学了之后才能反思，反思之后才能带着反思的结果参与小组交流，小组交流之后才可以提炼共性问题，最后教师对共性问题进行统一的解答。四元教学等于在传统的“传道、授业与解惑”基础上加一个“讨论”。较之于传统教学单一共性教学的缺点，四元教学融合了共性和个性教学的特点，在讲授阶段，教师对所有学生精讲教学重难点，此阶段具有共性特征，此为共性之一；学生独学/作业/反思具有个性化特征，此为个性之一；同伴之间相互讨论，不同学生讨论的内容不同，此为个性之二；最后，教师针对存在的普遍问题进行集中答疑，此为共性之二。另外，四元教学特别注重学生的反思，反思更多的是取代过去教师对作业的评价，由学生进行自我评价。除此之外，还要超越作业，对整个学习过程进行反思、提炼和总结。

5.3　线上对分课堂在初中地理教学中应用的必要性分析

（1）提高学生学习地理的兴趣：初中地理作为一门基础课程，长期以来，学生对其兴趣不高，重视程度不够，学生学习效率低下。对分课堂充分考虑学生的个性化需求，给学生较大的学习自主权和泛在式的学习资源，学生学习的兴趣将得到较大提高。

（2）互动方式多元化、高质化：在对分课堂教学模式下，线上互动方式有很多种，比如连麦（包括语音连麦和视频连麦）、聊天室互动、弹幕、直播、在线游戏、学生主讲等。另外，线上对分课堂重视常规教学的建立，学生的学习要按照老师制订的流程有计划、有步骤地进行；注重学案和思维导图在线上教学中的应用，使学生能快速掌握知识体系架构和知识点之间的逻辑关系；教学时间模块化，在讲授阶段，教师用少量时间精讲重难点，其余时间留给学生自学、反思、讨论，培养学生的自主学习能力和探究精神。

（3）提高学生的学习效率：通过“亮闪闪”“考考你”和“帮帮我”（简称

“亮考帮”),使学生在短时间内掌握重点难点并有效巩固所学要点,进而提高学习效率。

5.4 具体操作方法

5.4.1 教师讲授

对分课堂中的教师讲授环节与四元教学流程中的一元教学元素相吻合,教师需要做的是讲授新知、布置作业(表 5-1),讲授切忌面面俱到,而要“精讲留白”,教师主要讲知识的框架以及重难点内容,对知识进行提炼,所讲内容是学生难以通过自主学习获得的。学生要知道学什么、为什么学、如何学,并对教师精讲的知识框架做好笔记,为课后的内化吸收做准备。

表 5-1 讲授环节设计

环节	教师活动	学生活动
讲授环节	(1)通过 QQ 群屏幕共享功能将澳大利亚地理位置与生物进化之间的关系进行精讲,联系大陆漂移学说解释古老生物形成的原因,并将讲授的重点分享到班级群里。 (2)精讲介绍澳大利亚的地形、气候特点及澳大利亚适宜发展养羊业的条件。教师把关于澳大利亚自然环境的主要知识点和澳大利亚发展养羊业的条件分享到群里。精讲完之后,提醒学生根据讲授内容以及分享到群里的主要知识点做好笔记,构建知识框架。 (3)为了让学生思考本课知识在生活中的运用,贯彻“学习对生活有用的地理”的新课标理念,布置“亮考帮”和开放式的作业,并把作业的内容分享到群里,如:如果你是澳大利亚的一位农场主,你会把农场布局在何处?	(1)认真听讲,积极在群里发言,能够解释澳大利亚古老独有生物的成因,结合澳大利亚的地形和气候特点分析发展养羊业的条件。 (2)构建知识体系,做好笔记,记录课堂问题,培养总结归纳能力

5.4.2　课后内化吸收

线上对分教学的课后内化吸收环节主要是学生独立自主学习和自我反思，是学生个人的事情，学生完成老师布置的作业，然后做反思，做深入的思考，发现学习过程中和完成作业过程中出现的问题，聚焦疑点。该环节符合四元教学流程里面的二元教学元素，通过这一环节，学生整理笔记完成“亮考帮”，培养解决问题和发现问题的能力，巩固课上所学地理知识，收集资料，整理笔记，联系实际生活，为“如何成为一位精明的农场主”做准备，培养地理情感（表5-2）。

表5-2　内化吸收环节设计

环节	学生活动
课后吸收环节	(1)独学/作业：通过查阅资料，整理笔记，将老师讲授的《澳大利亚》第一课时的主要知识点进行内化吸收和应用。通过多种渠道收集相关信息，并分析澳大利亚养羊业与自然环境的关系，课上与同学讨论，为农场如何布局提出建议。 (2)反思/自我评价：整理归纳“亮考帮”作业，自我评价是把自己通过《澳大利亚》第一课时的收获用笔记的形式进行整理，课上分享到班级群里（“亮”）；通过整理笔记发现问题，如澳大利亚的房屋哪一面朝阳？记录下来并课上分享到班级群里（“考”）；将在课后自主学习整个过程中遇到的无法解决的问题，课上分享给同学和老师，请求帮助（帮）

5.4.3　讨论环节

课堂讨论环节是学生带着课后反思的结果参与小组讨论，讨论过程中学生把自己的作业分享到小组群里，进行互相答疑，相互评价，解决层次低的问题，对层次高的问题进行凝练，最后把小组内整理好的讨论成果和有疑惑的问题分享到班级群，对于学生解决不了的共性问题，由老师进行解答。该环节包含了四元教学中的2个元素，即三元教学元素和四元教学元素，此环节（表5-3）使学生学习的积极性得到提高，提高了学生的独学能力和探究能力，使学生学习对生活有用的地理，培养学生对地理知识的兴趣。

表 5-3　讨论环节设计

环节	教师活动	学生活动
讨论环节	(1)确定讨论主题,如通过学习《澳大利亚》第一课时的内容,把自己收获了什么和存在哪些疑惑以及自己关于农场布局的建议,分享到自己的小组群里进行讨论学习(解决个性问题),在学生讨论的过程中,教师要做好监督,如任意加入某一个小组的语音通话,了解学生的讨论情况,提醒讨论不积极的学生,对于讨论激烈、表现较好的小组在班级群里提出表扬。 (2)教师答疑:在班级群里对讨论的内容做总结,解答学生未能解决的问题(共性问题)	(1)各小组的同学在自己的小组群里进行语音通话。 (2)将各自的"亮考帮"作业分享到小组群进行讨论,完善自己对《澳大利亚》第一课时知识体系的总体把握,并巩固或加深对重难点的理解。 (3)向组内分享汇报,"如果你是澳大利亚的一位农场主,你会把农场布局在何处?" (4)筛选和整理小组内的笔记,形成小组内的讨论成果。 (5)把自己所在小组的讨论成果和没有解决的问题分享到班级群里

在运用对分课堂的地理课堂中,教师不仅讲解重难点,还会布置拓展性的作业,对于学习和消化教师讲授的知识需要学生课后通过自主学习来完成。在实施对分的课堂上,教师是引导者、管理者,学生是学习者、是课堂的主人,它使学生的学习变得更加积极,也更具有自主性。在讲授过程中,教师要注意精讲和留白,布置的作业要与学生的"最近发展区"相一致,使学生能够"跳一跳,摘到桃"。

对分课堂教学模式下,学生需要在课堂上进行分组讨论,所以教师在留作业和思考题的时候,一定要注意所留作业能使学生和老师之间以及学生和学生之间有更多的互动和交流,要有助于提高学生的学习积极性,要使学生的学习兴趣得到激发。另外,作业还要与课标一致、要有助于学生地理素养的培养。

5.5　结语

线上对分课堂疫情期间应用在初中地理教学中将提高学生的学习兴趣、参与度、互动质量和学生学习效率。本章以人教版七年级地理下册第八章第四节《澳大利亚》第一课时为例探讨了线上对分课堂在初中地理线上教学中的应用模式。在四元教学理念的指导下，在讲授阶段，教师要充分了解学情，通过QQ群屏幕共享功能对重难点进行精讲留白，为学生留下独学和反思的时间；学生要做好笔记，学生对知识的内化吸收主要通过自主学习和反思完成。在讨论阶段，通过语音通话方式将各组的“亮考帮”作业拿到小组群里进行讨论分析；最后，教师根据大部分组讨论中所存在的共性问题通过直播方式进行集中点拨、答疑。

参考文献

[1]张学新.对分课堂：大学课堂教学改革的新探索[J].复旦教育论坛，2014，12(5)：5-10.

[2]黄芳，刘金锤，王瑞华.基于对分课堂的高中地理创新型教学模式研究[J].中学地理教学参考，2017(14)：4-6.

[3]程英姿.试论“对分课堂”教学改革中的观念颠覆[J].教育教学论坛，2020(15)：149-151.

[4]马力，张琼声.基于对分课堂教学模式的改革探索[J].教育教学论坛，2019(22)：107-109.

第 6 章 基于对分课堂的高中地理创新型教学模式研究

高中地理教学的实践表明,对分课堂有助于提高学生的责任心,增加学习的深度和广度,培养自学能力和创造力,提高学习兴趣和地理思维能力。该方法对教师的专业素养、课堂组织能力和教学内容方面提出了一定要求。

6.1 引言

提高学生地理素养、培养创新意识和实践能力、塑造正确的人地协调观念和可持续发展观是中学地理教学的使命。多年来,基于这一使命,中学地理教学理念、教学方法、教学手段不断创新,力求深化中学地理教学改革。其中,启发式、探究式、项目式、问题式等多种教学方法的使用在激发学生学习兴趣、提高学生参与度方面的确取得了一些成效。但总的来说,目前的中学地理教学依然存在着“四多四少”的问题,即教师单向灌输较多,学生参与较少;应试型的结果评价过多,素质型的过程评价较少;知识型的内容较多,能力提升型的内容较少;学生被动接受的较多,发挥主观能动性的较少。

高中地理教材内容丰富,与自然、社会、经济发展联系紧密,覆盖面较广,可以满足学生多方面的学习需要,但高中生自主性、创造性和社会性逐渐增强,灌输式、平面式、外延式的教学方式已无法满足学生需求,也不能激发学生的学习兴趣。

对分课堂是我国专家根据目前中国学生特点创立的本土化教学模式,该教学模式的实施时间尽管不长,但在各级各类学校引起了较大反响,在一线教师中掀起了学习和应用的热潮,实践证明教学效果较好。基于上述地理课程和高中生的心理特点,笔者尝试将我国学者于 2014 年开始应用的创新教学模式——对分课堂应用于高中地理课堂教学，尝试在一定程度上破解“四多四少”的难题。

6.2 对分课堂的特点及其应用于高中地理课堂教学的必要性

6.2.1 对分课堂的特点

对分课堂由复旦大学教授张学新创立，并于2013年提出[1]。对分课堂备受教育界关注，并在短时间内被众多中小学、大学所采纳，且反响较好。对分课堂并不是一种具体的教学方法，而是一种教学模式，该模式旨在提高学生参与课堂教学的积极性和主动性[2]，充分发挥学生的主观能动性，并挖掘其自身潜能。对分课堂的核心理念是将课堂时间平均分配给教师和学生，教师讲授在前，学生参与在后，兼具讲授式教学和讨论式教学的特点。传统的讲授式教学以教师为主导，可以保证知识的系统性、准确性和有效性[2]。讨论式教学以学生为主体，可以提高学生参与课堂教学的热情，增强学生的积极性和创造性。教师和学生权责分明，位置对等，各司其职，各负其责，改变了以往学生被动接受、一味配合的状况。

对分课堂流程主要分为3个环节：教师讲授(Presentation)、学生消化和吸收(Assimilation)、学生讨论(Discussion)，因此又叫PAD课堂。讲授环节，教师的主要任务是根据章节的知识目标、能力目标和情感培养目标，高屋建瓴地构建知识框架，讲清重难点。为了领会教师在短时间内所讲的精华，学生注意力须高度集中，以提高学习效率。在吸收环节，学生将所学内容消化吸收，该环节时间上较自由，且学习压力较小，学生在熟悉的环境中根据自身知识基础和经验选择自己喜欢的方式巩固教师所讲内容，并内化为自身能力和素质的一部分。由于第一环节教师进行了讲解，学生对知识点已有总体把握，所以此阶段学生的学习兼具广度和深度[1]。在讨论环节，学生将自己学习和思考的结果带到课堂上，以分组的形式进行讨论，一般以四人为一小组，可以组间讨论，也可以组内讨论。学生既可以展示自我，阐述个人观点,也可以相互合作,共同克服难点;可以相互挑战,也可以相互启发。讨论环节是 PAD 课堂的高潮,是对课堂讲授的升华,也是整个教学过程中最具生命力的部分。

6.2.2 对分课堂应用于高中地理课堂教学的必要性

PAD 的泛在式学习特点是实现高中地理教学目标的重要途径,地理学科本身具有综合性、动态性、区域性等特点,学生地理素养的培养并非传统课程学习所能完成的,而面向终身教育的泛在学习为这种培养目标的实现提供了可能。泛在学习有多种理解,本章指任何人在任何地方、任何时间都能获取自己所需信息的个性化学习[3]。PAD 具有泛在学习的特点[4]:在教学内容方面,二者均强调知识需要进行内化、吸收、实践,以便使学生终身受益;在教学场所方面,课堂并非唯一的教学空间,在 A 环节,学生可根据自己的条件选择喜欢的任何学习空间和学习方式;在师生角色定位方面,均强调应以教师为主导,以学生为主体,均认为学生主观能动性的发挥、主动参与意识和创新思维的培养很重要。

PAD 课堂的生成性是实现高中地理课程重要理念的基本保证,“倡导自主学习、合作学习和探究学习”“注重学习过程评价和学习结果评价的结合”是高中地理课程的两个比较重要的基本理念。生成性教学对应于预设性教学,是指教学目标、教学内容、教学过程等都是“生成”的,是教师和学生在“教”与“学”双向互动的实践过程中产生的,而非既定存在的。生成性教学以师生的发展为终极目标,认为教与学并非简单的知识输出与接受,而是教师预设各种情景,学生通过与情景的对话自主建构新的知识,学生的合作精神、创新精神在知识建构的过程中被鼓励、激发和保护。教学过程中生成的意外事件非但不会阻碍教学进程,反而通过教师机智的处理会增加教学的附加值。PAD 就是生成性课堂[1],在 P 环节,教师主要进行框架性引导,为教学内容的生成留下了一定空间;A 环节和 D 环节本身就是生成性环节,学生通过内化吸收、合作探究,使知识成为自身的一部分。A 环节和 D 环节的过程是复杂的、非线性的和动态的,同时充满了不确定性,具有典型的生成性特点。

6.3 对分课堂在高中地理课堂中的应用

为了验证对分课堂在高中地理课堂教学中的有效性，下面以人教版教材《地理》高中必修三第三章《区域自然资源综合开发利用》第一节《能源资源的开发—— 以我国山西省为例》第一课时为例，分析对分课堂的应用方法及效果。该课时内容包括3个方面："能源的分类及其在经济发展中的地位""资源开发条件"和"能源基地建设"。根据课标要求及实验班级学生特点，确定教学重点为"山西能源开发条件和能源基地建设措施"，教学难点为"能源基地建设措施"。

由于授课班级平时接受的都是以教师单向知识传递为主的传统教学，为了让学生对新的教学模式有所了解，教师提前向学生简单介绍了对分课堂，并将上课的基本流程和提纲提供给学生。

6.3.1 P环节

该环节采用学生熟悉的传统教学模式，主要是教师讲授，并使用提纲式板书。下课前5分钟给学生布置作业，写感想或读书笔记。作业内容：第一，对重难点的理解、对重难点的分析，要做到来源于教材，同时还要超越教材，此部分可考查知识目标实现与否；第二，阅读教材提供的材料，分析我国能源面临的挑战，为山西煤炭业的可持续发展提出对策，此部分体现了能力目标的要求；第三，与主题相关的感想和体会，此部分关系到情感目标的完成程度。

在P环节，教师除了讲清重难点外，还要为A环节和D环节做好铺垫。为了帮助学生课下复习、内化吸收，首先需要根据学生已有的知识基础，对教材结构进行适当调整，以简化知识，产生新知；其次，应创设情境，激发学生的学习兴趣和学习动机，实验班级所在地平顶山市也是我国重要的能源型城市，以学生熟悉的情境为例会让学生感觉比较亲切，进而激发学生的学习兴趣和深层次的探究欲望。

6.3.2 A 环节

该环节在课堂外完成，教师给予学生较大的自主选择空间。笔者发现部分学生自律性较差、自学能力不强，为了提高学生内化吸收的效率，在 A 环节实施之前，教师有意识地进行了点拨。建议学生采用精加工策略，即将已有的相关知识储备和所学新知识关联起来，从而有助于新知识的识记、理解、创新和升华，而做笔记、列提纲是比较有效的联系新老知识的方式。给学生提供内化"模板"也是不错的选择，如"思考、总结—效仿—大量练习—创新"这一过程是循序渐进的，且符合学生认知规律，是比较有效的内化知识的步骤，通过此过程，学生可将显性知识转变为隐性知识，能力得以提升，并受益终身。

6.3.3 D 环节

该环节在选题方面秉承增强教学心理效应、启迪学生智慧、理论联系实际和公平竞争的原则，每 4 ~5 名学生为一组，教师主要起到把控讨论方向、培养学生严谨思维和确保知识准确等作用，同时还要以和学生平等的身份参与到讨论中，倡导和谐民主的氛围，允许"百花齐放"和"百家争鸣"。该环节学生讨论非常热烈，尤其是在理论联系实际方面表现很突出，如"平顶山市煤炭资源开发条件如何""平顶山市能源消费结构有哪些问题""平顶山市煤炭工业面临的机遇和挑战有哪些"等。在讨论过程中，学生除了用语言进行表达外，还有针对辅助材料的推理运算、看图说话等，通过讨论，学生的语言表达能力、逻辑推理能力、视觉空间能力、团队协作及人际交往能力得到提高。

6.4 对分课堂教学效果分析

6.4.1 学生的责任意识和主人翁意识增强

大多数学生认为上课是教师的事情，考试是自己的事情，教师讲什么自己就学什么,教师让干什么自己就干什么,教和学仿佛是两条不相干的平行线,久而久之,形成了学生倦怠、应付的学习心理。

PAD 教学模式让学生认识到自己在课堂教学中也是很重要的,可以有主动权、发言权,甚至决策权。在课堂教学中,学生和教师是平等的,也要“备课”(即准备 D 阶段的内容)、“讲课”(即 D 阶段的解疑释惑)、提问、改作业(质疑纠错)等。这让学生倍感新鲜和好奇,同时也增强了他们的责任感和主人翁意识。

6.4.2　自学能力和创造性思维增强

在 A 环节和 D 环节,教师的直接参与很少,学生自主安排学习进度、学习内容,自己发现问题、解决问题,自己组织团队进行讨论,摆脱了以往凡事听教师的状况,无形中锻炼了自学能力。在讨论环节,教师鼓励学生对书本上的观点或别人的观点大胆进行质疑,使学生探究欲望增强,创造性思维得以发展。

6.4.3　学习兴趣大大提升

在传统课堂,教师将知识“传递”给学生,学生对这种毫不费力获得的“东西”感受不深,甚至觉得枯燥无味。对分课堂中,学生通过自己一步步努力获得知识,通过自己的“头脑风暴”发现问题和找出对策,这让他们很有成就感,进而激发了自信心和学习兴趣。

6.4.4　地理思维能力增强

空间性、区域性和综合性是地理思维的基本特征。学生自主探究是增强地理思维能力的主要手段之一。学生在 A 环节为了弄清资源开发条件,需要多次观察,分析煤田、煤矿的分布及其与交通线路、市场的空间关系,并分析各种自然和社会经济要素之间的联系。在 D 环节,为了讲清楚如何加强能源基地建设等问题,学生依然需要展示地图,从政策、经济、人口、环境、资源等方面进行说明。通过一步步的分析总结、归纳演绎,学生的地理思维能力得到了培养和提高。

6.5 对分课堂应用于高中地理教学需要注意的几个问题

6.5.1 教师的专业素养

表面上看,对分课堂让教师从备课和讲课中解脱了出来,实际上对分课堂对教师提出了更多、更高的要求。首先,教师要有非常扎实的专业功底,只有专业基础扎实,才能在更短的时间内科学合理地简化知识内容、完善知识结构,突出并让学生理解重难点;也只有专业基础扎实,才能在D环节对学生的讨论进行科学合理的引导和点评。

6.5.2 教师驾驭课堂的能力

教师要有较强的课堂驾驭能力,主要包括如何分组讨论才能提高效率,如何分配讨论时间,如何激发个性内敛、不善言辞的学生的积极性和主动性,如何把控讨论方向,如何在讨论结束后进行小结等。

6.5.3 教学内容和讨论话题的选择要合理

理论性太强、技术性太强或远离学生生活的内容都不太适合对分课堂,这种情况下,传统教学将是比较好的选择,如"宇宙中的地球""地理信息系统""全球导航卫星系统"等。讨论应该选择与教材内容关系密切、学生感兴趣或有疑惑的问题,这样的内容讨论价值比较大。另外,讨论的话题应该具有可探讨性,约定俗成的或具有定论的话题不适合讨论。

参考文献

[1]陈瑞丰. 对分课堂:生成性课堂教学模式探索[J]. 上海教育科研,2016(3):71-74.

[2]张学新. 对分课堂:大学课堂教学改革的新探索[J]. 复旦教育论坛,2014,12(5):5-10.

[3]孙刚成,王莹,杨眉.泛在学习视域下的个性化学习取向[J].教学与管理,2014(21):132-134.

[4]苏镠镠.基于对分课堂的泛在学习模式在大学生思想政治教育中的应用[J].思想教育研究,2016 (1):90-93.

第 7 章 初中生地理实践力定量评价研究

地理实践力是学生地理核心素养的重要内容，为学生人地协调观、区域认知能力和综合思维能力的培养提供了重要手段和途径。随着现代信息技术手段在地理课堂教学中逐步全面而深入地应用，收集、处理、分析地理信息的能力成为地理实践力的主要内容之一。本文遵循科学性、客观性、可操作性和系统性原则，从地理实践认知、地理实践方法、地理实践能力和地理实践意志品质四个方面构建了具有 17 个指标的评价体系，使用 AHP 层次分析法对 17 个指标的权重进行赋值。分别以初中地理《地形和地势》和《北方地区》一章中《自然特征与农业》一节为例，采用 BOPPPS 教学模式和 5E 教学模式，借助寰宇地理 VR 教学系统、AR 沙盘、图新地球软件等技术手段，分析了在课堂教学的各个环节中如何培养学生的地理实践力，并对学生地理实践力提升情况进行问卷调查。分析结果显示在地理实践活动中，学生地理实践力并不理想，大部分处于中等水平，思维和语言表达方面较为欠缺，本文根据地理实践力评价的结果提出改进意见，以此推动地理实践力的培养和教育教学质量的提升。

7.1 引言

7.1.1 研究背景

在教育教学改革背景下，学生实践能力的培养备受重视。《义务教育地理课程标准(2022 年版)》中明确提出地理实践力是地理核心素养之一。在新课程改革的背景下，必须加强对每位学生地理实践力的培养，并以此促进人地协调观的养成、综合思维和区域认知能力的发展，反映初中地理课程标准中所提倡的学习对生活和对终身发展都有用的地理。

地理实践力的培养固然重要，对于地理实践力的评价也同样不容忽视。建立一整套科学有效且能促进教师和学生发展、能改进教学质量的评估体系已经成为当下中学地理教学改革的当务之急。在教育信息化大背景下，学生的信息搜集能力和对相关软硬件的动手操作能力是地理实践力的主要内容之一。在对实践表现进行评价时要能够反映学生地理学习的过程和结果，教师根据评价结果改进教学方法、调整教学模式，最终提高教学效果。这就要求对学生各学习环节进行全方位检测，达到测评的科学性、准确性和定量化。传统的定性评价显然不足以做到全方位量化评价，因此，建立多元化、可量化的评级体系已成为中学地理教学改革的重要研究方向。所以在培养地理实践力的同时也要进行地理实践力的评价，对学生在地理实验、社会调查和野外考察过程中所表现的意志力和行动力予以定量分析评定，检验教学效果，提高教学质量，为地理实践力的落实提供理论指导和决策依据。

7.1.2 研究意义

(1)推动地理实践力评价定量研究

目前，对地理实践力评价的定量研究不多，在课堂教学中教师普遍采用较为传统的定性评价方法进行评价，评价结果主观性较强，缺少数据支撑，对机理的剖析深度不够，对地理实践力提升的建议指导性不强。本研究基于地理实践力的内涵构建科学合理的评价指标体系，丰富地理实践力评价的维度，加深地理实践力的研究深度，促进研究方向向纵深化发展，以增加中学地理教育评价的方式与手段的多样性，并为今后其他研究者在此基础上继续研究提供一定的借鉴与参考。

(2)为初中地理实践力测评应用提供理论基础和方法指导

当前，我国地理课堂更加重视知识的传授，且多以赫尔巴特传统课堂三中心为主，教师讲、学生听。地理实践力这一概念提出以后，仍然有许多一线地理教师未理解地理实践力及其评价的内涵和意义，操作过程缺乏指导和监控，实施效果未加测评和分析，导致地理实践力的培养具有一定盲目性和随意性，教师在执行层面由于无既定标准，在课堂上施行起来难度较大。

本研究采用量化评价的方法,给予评价精确的数据支撑,加强评价结果的科学性和准确性。因此,本研究有助于教师更好地掌握地理实践力评价的理论及方法,为初中地理实践力评价的实施奠定基础。

(3)加强地理实践能力培养,突出学生本位

地理实践力的培养强调让学生在真实的地理情境下学习,培养学生的行动意识和行动能力[1],强调学生应作为课堂的主体。但目前课堂中大多注重知识的传授,属于罗杰斯所强调的认知学习——一种"只在颈部以上发生的学习"。根据测评结果改进教学方式,加强学生在课堂中的主体性和教师的主导性,引发教师与学生的反思,从而落实学生地理实践力的培养。

(4)采用地理实践力定量评价,提高教学质量

本研究通过问卷调查方式获取数据,结合人教版八年级初中地理教材,采用 AHP 分析法,设计一系列关于地理实践力的定量评估方案,使用客观数据进行评估,以促进地理实践力的培养,更有助于在地理课堂中推广评价方法,执行评价方法,从而提高教学质量。

7.2 研究现状

7.2.1 国外研究现状

当前,国外对于地理实践力评价的研究更为深入,主要研究方向如下:

(1)从地理实践力的推广效应来看,自 20 世纪 80 年代起,美国兴起了 K-12 运动并一直持续至今,地理教育逐渐加强了对地理技能和实践能力的培养,受杜威实用主义理念的影响,提倡"从做中学",注重以实际经验作为知识的主要来源。2012 年 GFL2 提出,要从"为了生活的地理"到"实践地理"[2]。2016 年《国际地理宪章》明确提出青少年进行地理课程的学习时,要依据自身已获得的经验来帮助他们基于真实地理情景发现问题并解决问题,发展智力技能,以解决生活中所出现的地理难题[3]。英国国家地理课程

标准将地理技能置于首位，开设地理实习指导中心，旨在提高学生地理实践力，并且在每个关键阶段结束时，都会对学生进行统一水平测试，以考查学生学习地理的状况和地理学业质量[4]。此外，英国教育部还规定高年级学生开展野外实践活动的时间应多于一个月，通过成果设计和搜集野外资料等方式来进行考查，以保证学生地理实践力的培养。

(2)在地理实践力的培养上，美国《生活化的地理学：国家地理标准1994》非常重视学生通过地理体验获得地理学科知识和形成实践观念，重视与生活经验相关的地理技能[5]。2002年出版的美国中学地理教材《地理：世界和居民》中的“地理实验室”对中学地理所涉及的实验及相关评价都做了比较详细的介绍，在实验教学过程中大力培养学生的自主创新、动手实践能力[6]。日本地理教育也十分重视地理实践活动技能，基于课程模拟实验、制作模型，使学生对课本知识的理解更为清晰，以便于学生利用知识解决地理问题，并且为了地理实践力的培养不受任何时间因素的影响，日本部分学校实行“周五日制”，举办各种实践体验活动[7]。

(3)对于地理实践力评价的研究，早在1958年，美国学者埃丝特·基尔赫弗和亨利·沃曼就已经提出以图表的形式测量地理教学中的主要内容，并主张定期检查[8]。国际教育成就评价协会主张通过综合性实践作业来评价学生的内容知识和程序知识，以及学生应用这些知识来论证或解决问题的能力[9]。土耳其学者强调运用写科学日记的方法进行地理实践力的实施，并在结束后通过获得的数据采用定性分析方法进行评价分析[10]。

综上所述，国外普遍注重学生地理实践力的培养，这已成为世界各国地理教育改革的共同趋势，培养模式对我国中学地理实践力的培养具有较强的借鉴意义。

7.2.2 国内研究现状

我国对于地理实践力评价的研究多为定性研究，鲜见对地理实践力的定量评价及实施方法。国内研究主要集中于以下几个方面：①对于地理实践力评价方式方法的研究，张鹏韬学者主张以纸笔测验为主，以此培养学生的地理实践力[11]，但传统纸笔测验已不能满足全方位测评的要求，逐渐转变为新颖的测评方法。杨剑等学者对学生的地理实验能力进行评价时，采用纸笔测验的方式，让学生对设计好的实验题进行作答，而教师则依据学生的答题情况进行打分并确定该学生的实验等级水平[12]。赵玉主张采用纸笔测验与评价量表结合的方式对学生的地理实践力等进行评价[13]。而李廷勇采用观察法、人物推定法、问卷法、访谈法及简短评价任务的方法对学生的实践和决策能力进行评价，采取多种评价方法相结合的形式，呈现最真实的评价[14]。陆芷茗主张采用档案袋评价法，建立学生实践力等级制度，各个等级测试合格可颁发等级证书，还可以建立网上实践力测验库和在线测评平台等，用评价激发学生的实践参与度[15]。②对地理实践力评价主体的研究，多数学者主张评价的主体需要多元化。徐艺花采用问卷调查法对学生进行测评得知，大多数学生希望能够采用教师和学生互评、自评、家长评价多种方式相结合的方法。[16]黄榕青和陈杰采用了学生自评、小组相互评价、教师多元评价相结合的方式对学生的地理实践力进行评价[17]。③对于地理实践力评价指标的研究，盛芸菲与吕宜平学者通过文献分析法及调查，构建了地理实践力评价指标体系，从过程评价、成果评价、成绩评定三个方面论述其应用方法[18]。姚萌与刘敏学者则采用德尔菲法从四个方面构建高中生地理实践力评价指标体系[19]。徐焰华与林培英学者采取“过程—目标”法，构建4个一级指标、16个二级指标和44个三级指标[20]。高志芳等学者以UbD理论为基础，通过学生在实践活动中的表现进行定性评价[21]。

由此看出，目前，我国更加注重地理实践力培养的研究，较少对地理实践力评价进行研究，且在对于地理实践力评价的研究中，多数学者只注重定性评价，在活动过程中根据被评价者的过程表现进行分析和评价，主观地对被评价者做出定性结论，鲜少采用明确的评价系统、精确的评定标准。定量分析方法应用于地理实践力评价的研究较少。具体来说，已有的研究存在以下几个问题：首先，评价方式过于单一，虽然评价方式打破了传统纸笔测评的桎梏，但在课堂中使用较少；其次，评价主体不太全面，应采取多层次的评价手段，生生互评或组间互评等，使评价结果更加准确、客观；最后，评价理论不完善，学者多根据自身经验建构评价体系，缺乏对评价理论的论述。

7.3 研究方法与技术路线

7.3.1 研究方法

(1)问卷调查法

为了解中学生在实践活动中的学习效果,本研究采取问卷调查法,将调查问卷以纸质的形式发放给学生后,对回收的问卷进行整合分析,所得的结果为本研究的定量分析提供数据支撑。

(2)AHP 层次分析法

决策者将相互联系的复杂系统分解为若干层次和若干因素,并结合专家对同一层次的因素重要性进行赋值,构成矩阵,进而进行比较和运算,得出各项评价指标的权重,构成评价量表。具体方法如下:

对矩阵进行归一化处理:

$$M_{ij} = \frac{A_{ij}}{\sum A_{ij}} \tag{1}$$

M_{ij}为矩阵归一化处理值;A_{ij}为第 i 个因素相对于第 j 个因素的比较结果;i 为第 i 个因素;j 为第 j 个因素。

利用特征向量计算一级指标权重:

$$W_i = \frac{B_j}{\sum B_j} \tag{2}$$

W_i为一级指标权重;B_j为特征向量。

计算最大特征根:

$$\lambda_{\max} = \sum_{i=1}^{n} \frac{(AW)_i}{nW_j} \tag{3}$$

$\lambda_{\max}$为矩阵最大特征根;$(AW)_i$表示向量 AW 的第 i 个分量。

进行一致性检验:

$$CI=\frac{\lambda_{max}-n}{n-1} \tag{4}$$

CI 为层次总排序的一致性指标，n 为指标个数。

为了检验判断矩阵的一致性是否令人满意，需要对 CI 与平均随机一致性指标（RI）进行比较，两者之比称为判断矩阵的随机一致性比例，记作 CR，如公式（5）所示。一般当 $CR\leqslant 0.1$ 时，则可认为判断矩阵具有令人满意的一致性；当 $CR>0.1$ 时，则需要调整判断矩阵，直到满意为止。利用公式（3）—（5），对照表 7-1 中平均随机一致性指标，当阶数为 4 时，RI 等于 0.90，即可得出判断矩阵随机一致性比例为 0.000，小于 0.1，表示判断矩阵保持一致性。

计算一致性比例：

$$CR=\frac{CI}{RI} \tag{5}$$

表 7-1　平均随机一致性指标 *RI* 的标准值

阶数	1	2	3	4	5	6	7	8	9
RI	0	0	0.58	0.90	1.12	1.24	1.32	1.41	1.45

7.3.2　技术路线

本文利用文献调查法分析在地理课堂中学生地理实践力培养和评价的现状及存在的问题，基于这些问题提出改进意见。通过调查了解学情，首先构建地理实践力评价的各项指标，并利用 AHP 层次分析法确定各项指标权重，形成评价量表；然后根据打分量表测评学生在实践活动中的表现，并依据分数评定等级。根据测评结果提出改进意见，技术路线见图 7-1。

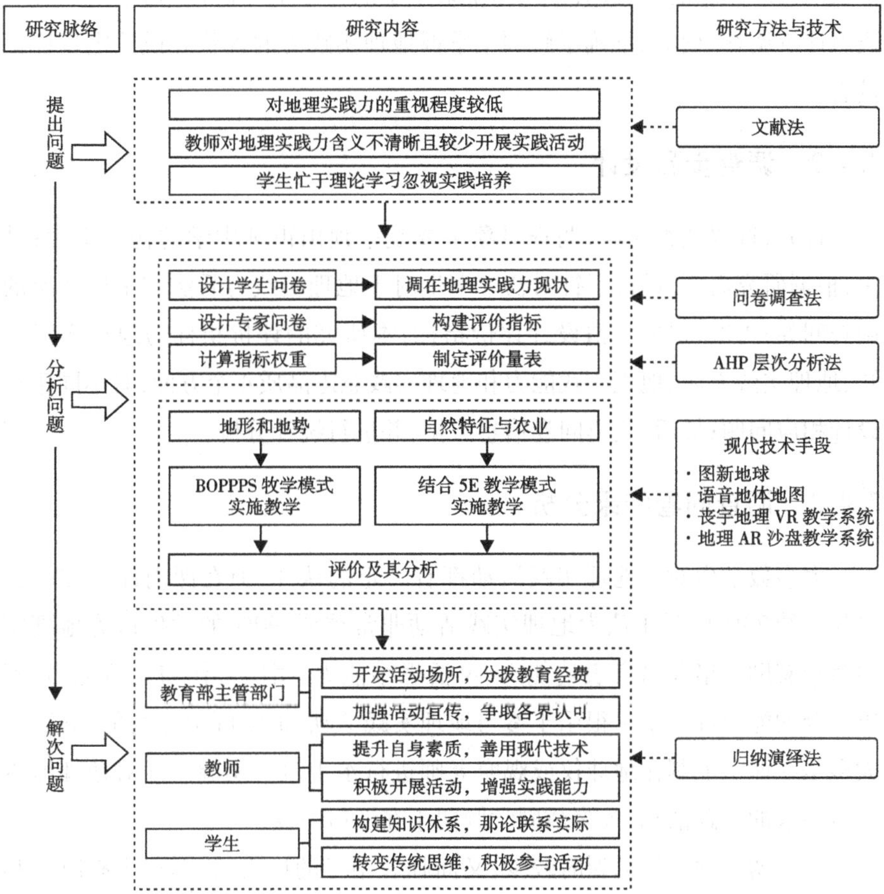

图7-1　技术路线

7.4　初中生地理实践力评价现状调查与分析

7.4.1　调查目的

本章试图对地理实践力进行定量评估，首先要了解师生对于地理实践力的认知情况，了解当前地理实践力评估中存在的问题，在此基础上设计评价指标，使地理实践力的定量评估更具针对性、可操作性和客观性。本研究采取问卷调查法的方式，对平顶山市某中学的初中学生进行“初中生地理实践力评价调查”研究，准确了解师生掌握地理实践力的现状并设计定量评价量表。

7.4.2 调查步骤设计

首先，选取调查对象，调查对象主要是平顶山市某中学的初中学生；其次，根据研究需要，设计了针对初中学生对于地理实践力看法和掌握情况的调查问卷；再次，根据学情设计评价指标，本研究的评价指标为地理实践认知、地理实践方法、地理实践能力和地理实践意志品质4个方面，对不同指标设计相应问题；最后，收集问卷信息数据，并进行统计分析。

7.4.3 调查问卷结果分析

大多数学生对于地理实践活动都有一定的认知，但在课内课外却较少参与。约73%的学生认为地理实践活动非常重要，90%的学生认为地理实践活动有助于培养语言表达能力、灵活思维能力、团队合作与交流能力、解决问题的能力等。学生很乐于参与地理实践活动，但实际上参与的却较少，大多是在课堂上制作地球仪或观摩老师进行水土流失实验。面对地理课本中所要求的实践活动，大多数同学倾向于在课后完成。

由于初中地理课的课时较少，又面临着中考的压力，教师很少有时间和精力去设计更多的地理实践活动。如何设计合适的实践活动，达到既可以提高学生地理实践力又可以提高学生中考成绩的目的，这是今后亟待解决的重要问题。

7.5 地理实践力评价指标的构建

7.5.1 指标构建原则

(1)科学性

科学性是评价指标构建的首要原则，是研究过程可靠、研究结果可信的保障。要最大程度保证实践活动和评价指标的科学性,要做到指标选取科学、量规表述科学、概念界定科学。首先,指标选取科学在于针对学生的实际情况和评价的方式方法合理制定评价指标;其次,量规表述科学在于清晰合理的描述,指向性明确;最后,概念界定科学在于对相关概念进行科学的界定,对地理实践力内涵进行深度解读,在此基础上科学制定评价指标,以此保障指标构建的科学性。

(2)可操作性

评价指标的可操作性是指指标在现实条件下可获取且具备权威性。正是基于评价指标的可操作性,才能够提供实践活动的客观评价,可操作的评价指标是地理实践力评价的方向标,可让评分更有据可依。评价指标的构建要突出可操作性的特点,不能模棱两可,要符合现实依据,做到指标可操作、评价真实客观。

(3)实践性

实践性是地理学科最基本的特点之一,且《义务教育地理课程标准(2022年版)》中明确规定了地理实践力为核心素养之一,所以评价指标的制定同样不能脱离实践性存在,而是应该在实践性的基础上合理构建指标。

(4)系统性

教学系统是一个层次分明的整体,不同维度的指标相互联系、相互区分。教学的系统性在教学中体现为拥有一定的教学流程,譬如地理实践力的教学,即使存在不同的实践活动,但组织实践活动的步骤离不开“准备—设计—实施—总结”这一流程,各个阶段相互联系、相互依存,所以地理实践力的评价也应该遵循系统性原则。

7.5.2 评价指标选择的依据

(1)初中地理课程标准

本研究所述的地理实践力,概念来自《义务教育地理课程标准(2022年版)》,进行地理实践力评价首先需设计一系列地理实践活动,在活动中培养能力和品质。行动能力和意志品质都属于地理实践力,行动能力注重解决地理问题时所需的有关行动的知识和工具的使用等能力;意志品质是指能在真实世界中发现问题,并选择工具、采取适宜的方案探索问题真相的态度与意识习惯[22]。基于初中地理课程标准,评价指标选择应以学生为中心,准确反映学生在地理实践活动过程和结果中的表现。也就是说,主要是在调查、考察和实验等地理实践活动中所具备的意志品质和行动能力。“地理实践力”的培养有助于提升初中学生的实践意识和能力,以便于在真实的生活环境中运用地理知识解决地理问题。

(2)调查问卷结果

根据调查问卷反馈情况,大多数学生对于地理实践力这一名词有一定认识,但参与少。基于此情况,地理实践力评价指标多侧重于实际操作。地理实践活动在遵循教育教学规律基础之上,用地理观测活动、地理考察活动、地理调查活动等联系学生所学习的理论知识,并鼓励学生在活动中运用自己的认知和情感,增加学生对学习地理的热爱,在活动中增强团队合作精神。

7.5.3 评价指标的构建

地理实践力以实践知识为基础,通过实用的方法和技能,促进学生情感态度的创造和发展。评估地理实践力是建立评价体系的一个重要部分。本研究根据《义务教育地理课程标准(2022 年版)》和问卷调查结果,并遵循科学性、客观性、可操作性和系统性的原则构建评价体系。基于已有的研究确定评价 4 个一级指标:地理实践认知、地理实践方法、地理实践能力和地理实践意志品质,再将这 4 个一级指标细化为 17 个二级指标,具体见表 7–2。

表 7–2 地理实践力评价指标

一级指标	二级指标	具体描述
地理实践认知	言语信息	能否详细描述与实践活动相关的地理分布、地理数据等信息
	思维结构	能否关联到其他知识,给出教师预想以外的答案
	思维深度	能否就所提出的实践问题进行深层次的思考,全面考虑相关因素
	思维逻辑	能否对所考察事物做清晰、准确、有逻辑的表述

续表 7-2

一级指标	二级指标	具体描述
地理实践方法	信息获取	能否多途径收集相关地理信息,并对信息进行分析处理
	提出问题	能否提出实践过程中所遇到的实际问题并妥善解决
	工具使用	是否善于使用工具搜集数据和分析处理地理信息
	活动实施	能否号召小组成员共同合作开展、参与实践活动
地理实践能力	设计能力	能否根据真实情景设计出一个步骤详细、可行的活动方案
	合作能力	能否与小组成员合理安排工作内容、顺畅沟通,便于达到合作共赢的目的
	创新能力	能否根据实际需要,提出创造性的想法和解决措施
	交流能力	能否运用地理语言准确表述实践成果和实践体会
	迁移能力	能否运用以往所学知识、技能,加强知识间的融合贯通并解决新问题
地理实践意志品质	实践态度	是否积极参与活动,踏实肯干
	实践意志	主动克服实践活动中的问题
	实践情感	热爱地理,构建人与自然和谐相处的理念,增强家国情怀
	实践反思	实践活动后能否总结反思,总结经验、吸取教训

7.5.4 评价指标权重赋值

确定评价指标后,需要对评价指标体系中的每一项指标进行赋值,由于每项指标的重要程度不同,因此指标权重赋值直接影响评价结果的准确性。为了使评价指标更加公平、科学,本研究根据问卷调查结果确定一、二级指标在评定等级表中的相对重要性,采用层次分析法确定指数的最终权重。

(1)构建地理实践力的层次结果模型

层次分析法(简称 AHP 法)在 20 世纪 70 年代由 Saaty T. L. 首先提出并引用到教育评价领域,是一种定性与定量相结合的确定评价指标权重系数的系统分析方法[23]。本研究利用 AHP 法获取各指标的权重,旨在获得更加科学的数据支撑。本研究构建的层次结构模型如表 7-3 所示。

表 7-3　地理实践力评价的层次结构模型

目标层	地理实践力																
准则层	地理实践认知 A_1				地理实践方法 A_2				地理实践能力 A_3					地理实践意志品质 A_4			
措施层	言语信息 C_1	思维结构 C_2	思维深度 C_3	思维逻辑 C_4	信息获取 C_5	提出问题 C_6	工具使用 C_7	活动实施 C_8	设计能力 C_9	合作能力 C_{10}	创新能力 C_{11}	交流能力 C_{12}	迁移能力 C_{13}	实践态度 C_{14}	实践意志 C_{15}	实践情感 C_{16}	实践反思 C_{17}

(2)构建评价指标的判断矩阵

本研究邀请了4位专家对地理实践活动初中学生的表现进行实时评分。对于4个一级指标和所属的二级指标的重要程度,让4位专家分别用1、2、3、4、5等级打分,其中数字5代表最为重要,数字4代表重要,数字3代表一般重要,数字2代表不重要,数字1代表最不重要。通过问卷征询了各位专家的意见,专家普遍认为应该将“地理实践方法”“地理实践能力”和“地理实践意志品质”作为培养地理实践力最重要的指标,理应放在最重要的位置上。

接下来确定各指标权重,根据AHP层次分析法的1~5标度法得出如表7-4所示的判断矩阵。

表 7-4　一级指标判断矩阵

A	A_1	A_2	A_3	A_4
A_1	1	0.8	0.8	0.8
A_2	1.25	1	1	1
A_3	1.25	1	1	1
A_4	1.25	1	1	1

利用公式(2)对特征向量进行归一化处理,得出一级指标的权重,如表7-5所示。

对指标权重进行一致性检验,当阶数为4时,RI 等于0.9,即可得出判断矩阵随机一致性比例为0.000,小于0.1,表示判断矩阵保持一致性。

表 7–5 地理实践力一级指标各指标权重

特征向量	一级指标权重 W
0.842 1	0.21
1.052 6	0.26
1.052 6	0.26
1.052 6	0.26

（3）二级指标的权重计算

根据专家问卷调查结果，分别列出地理实践认知、地理实践方法、地理实践能力、地理实践意志品质的判断矩阵，并按照一级指标计算权重的方法计算二级指标权重。按照上述一级指标权重的计算方法，继续利用层次分析法计算各二级指标的权重，再结合一级权重，得出最终的权重值，见表 7–6。

表 7–6 地理实践力评价指标权重

<table>
<tr><th>目标层</th><th>准则层</th><th>措施层</th><th>权重（终）</th></tr>
<tr><td rowspan="17">地理实践力</td><td rowspan="4">地理实践认知
0.21</td><td>言语信息（0.19）</td><td>0.04</td></tr>
<tr><td>思维结构（0.21）</td><td>0.04</td></tr>
<tr><td>思维深度（0.29）</td><td>0.06</td></tr>
<tr><td>思维逻辑（0.31）</td><td>0.07</td></tr>
<tr><td rowspan="4">地理实践方法
0.26</td><td>信息获取（0.27）</td><td>0.07</td></tr>
<tr><td>提出问题（0.23）</td><td>0.06</td></tr>
<tr><td>工具使用（0.24）</td><td>0.06</td></tr>
<tr><td>活动实施（0.26）</td><td>0.07</td></tr>
<tr><td rowspan="5">地理实践能力
0.26</td><td>设计能力（0.17）</td><td>0.04</td></tr>
<tr><td>合作能力（0.17）</td><td>0.04</td></tr>
<tr><td>创新能力（0.21）</td><td>0.06</td></tr>
<tr><td>交流能力（0.22）</td><td>0.06</td></tr>
<tr><td>迁移能力（0.23）</td><td>0.06</td></tr>
<tr><td rowspan="4">地理实践意志品质
0.26</td><td>实践态度（0.27）</td><td>0.07</td></tr>
<tr><td>实践意志（0.27）</td><td>0.07</td></tr>
<tr><td>实践情感（0.22）</td><td>0.06</td></tr>
<tr><td>实践反思（0.24）</td><td>0.06</td></tr>
</table>

(4)评价量表的确定及使用说明

在对专家填写的问卷调查结果进行分析之后,最终确定初中学生地理实践力评价量表。在教育评价中,为了达到量化分析,通常采用等级划分的方法进行评价。本研究采用各项指标具体数值为标准,达到一定分数即为某一等级,最终确定的评价量表如表 7-7 所示。

表 7-7　地理实践力评价量表

<table>
<tr><td colspan="2">评价学校与班级:
评价对象姓名:</td><td>评价主题:
评价时间:</td><td colspan="2">评价人:</td></tr>
<tr><td colspan="2">评价指标</td><td>评价内容</td><td rowspan="2">权重</td><td rowspan="2">得分</td></tr>
<tr><td>一级指标</td><td>二级指标</td><td>二级指标的具体描述</td></tr>
<tr><td rowspan="4">地理实践认知</td><td>言语信息</td><td>能否详细描述与实践活动相关的地理分布、地理数据等信息</td><td>0.04</td><td></td></tr>
<tr><td>思维结构</td><td>能否关联到其他知识,给出教师预想以外的答案</td><td>0.04</td><td></td></tr>
<tr><td>思维深度</td><td>能否就所提出的实践问题进行深层次的思考,全面考虑相关因素</td><td>0.06</td><td></td></tr>
<tr><td>思维逻辑</td><td>能否对所考察事物做清晰、准确、有逻辑的表述</td><td>0.07</td><td></td></tr>
<tr><td rowspan="4">地理实践方法</td><td>信息获取</td><td>能否多途径收集相关地理信息,并对信息进行分析处理</td><td>0.07</td><td></td></tr>
<tr><td>提出问题</td><td>能否提出实践过程中所遇到的实际问题并妥善解决</td><td>0.06</td><td></td></tr>
<tr><td>工具使用</td><td>是否善于使用工具搜集数据和分析处理地理信息</td><td>0.06</td><td></td></tr>
<tr><td>活动实施</td><td>能否号召小组成员共同合作开展、参与实践活动</td><td>0.07</td><td></td></tr>
</table>

续表 7–7

评价指标		评价内容	权重	得分
一级指标	二级指标	二级指标的具体描述		
地理实践能力	设计能力	能否根据真实情景设计出一个步骤详细、可行的活动方案	0.04	
	合作能力	能否与小组成员合理安排工作内容、顺畅沟通,便于达到合作共赢的目的	0.04	
	创新能力	能否根据实际需要,提出创造性的想法和解决措施	0.06	
	交流能力	能否运用地理语言准确表述实践成果和实践体会	0.06	
	迁移能力	能否运用以往所学知识、技能,加强知识间的融合贯通并解决新问题	0.06	
地理实践意志品质	实践态度	是否积极参与活动,踏实肯干	0.07	
	实践意志	主动克服实践活动中的问题	0.07	
	实践情感	热爱地理,构建人与自然和谐相处的理念,增强家国情怀	0.06	
	实践反思	实践活动后能否总结反思,总结经验、吸取教训	0.06	
总分:	等级: 优:90 ~ 100 良:80 ~ 89 中:60 ~ 79 差:<60	该学生需要提升的指标是:____________ 1. 言语信息 2. 思维结构 3. 思维深度 4. 思维逻辑 5. 信息获取 6. 提出问题 7. 工具使用 8. 活动实施 9. 设计能力 10. 合作能力 11. 创新能力 12. 交流能力 13. 迁移能力 14. 实践态度 15. 实践意志 16. 实践情感 17. 实践反思		

得分一栏每一项总分为 100 分,以 100 ~ 90 分为优秀,80 ~ 70 分为良好,60 ~ 40 分为中等,0 ~ 30 分为差。权重是为了计算总分,打分过程中无须参考,总分 = 每一项得分×各自权重,最后依次填写“该学生需要提升的指标”这一栏。

7.6 案例探究

将地理实践力评价量表运用于实践中,以验证评价指标的合理性,并在实践活动中培养和测评学生的地理实践力。本研究选取人教版地理教材《地形和地势》以及《北方地区》一章中《自然特征与农业》一节作为案例开展实践活动，辅以语音立体地图、寰宇地理 VR 教学系统和地理 AR 沙盘教学系统、图新地球等现代化技术手段，对初中学生地理实践力进行培养和评价。在本次实践活动中，利用地理 AR 沙盘教学系统的数字化投影功能搭建各种地形类型并观察等高线，利用传感技术体验汽车和飞机漫游，沙盘中不同地形的起伏变化通过虚拟投影的技术真实展现。在寰宇地理 VR 教学系统，利用 3D、VR、AR 等互动技术将地理现象、地理事物以动态和三维立体的方式呈现出来，学生在沉浸式的环境中学习、交流，这种沉浸式的环境和技术激发学生学习地理的兴趣和对地理知识探索的欲望。

通过具体课程实施教学过程，设计实践内容，让学生去表现其所知所能[25]。初中学生刚接触地理学科，对地理抱有浓厚兴趣，将多种信息技术引入课堂有利于培养初中学生的地理思维分析能力和地理信息素养。

7.6.1 本案例中使用的主要技术平台或软件

(1)语音立体地图

语音立体地图是启星学院开发的智能教具，具有十分准确的高程模型，能够帮助学生更加直观地学习中国的地形和地貌，信息容量大，包含初中教材和高中教材的教学内容，实现了地形图和行政区图的完美结合。学生还可以通过无线点读技术补充课外地理知识，实现多感官同步学习，增强学习兴趣和学习效率。

(2)寰宇地理 VR 教学系统

寰宇地理 VR 教学系统是一款基于 VR、AR、MR 等多种技术的可实现人机交互、融合三维动态视景和实体行为的计算机仿真系统，创建虚拟地理世界，让学生体验感受虚拟世界，并且可以将虚拟世界与现实世界进行融合、互动，使学生的体验感增强，所见即所得，提高学生探究地理知识的兴趣和能力。此类技术有利于将现实生活中难以看到的、极为抽象的，或是现实生活中无法实施的实验借助 VR 系统实现，不仅能够解决教师教学难题，还可以帮助学生对复杂的概念加深理解，凸显地理核心素养。在活动中，学生扮演宇航员，利用鼠标、3D 眼镜或追踪笔，驾驶太空飞船飞向宇宙或是返回地球,不断变换地图的状态,使学生融入教学情境中,深入理解重难点知识。

(3)地理AR沙盘教学系统

地理AR沙盘教学系统采用数字化功能实时投影到沙盘,采用增强现实、传感器等技术,确定展示区互动沙盘的形状,依据沙盘形状的变化,将不同地形、地貌以虚拟投影的方式呈现出来,还具有互动投影、3D漫游的功能,是学生"在做中学"的友好互动平台。互动投影的功能是指实时测量沙盘的高度变化,投影会根据模型高度投射分层设色图,进而展示不同地形地貌;3D漫游显示的是模拟汽车或飞机穿过沙盘中的不同地形,让学生直观感受地形地势的落差和植被的垂直变化。

(4)图新地球

图新地球是一款3D数字地图软件,具有影像、高程、倾斜摄影数据阅读的功能,可视化阅读方便。学生可以快速浏览、测量、分析和注释3D地理信息数据,以执行3D场景的飞行和多视图导航。并且图新地球功能较多,如"等高线分析",通过"绘制面"生成等高线数据,便于学生分析等高线上的地形类型。"可视域分析"是指在地面上选择视野中心,用鼠标画出可见的弧线,画出分析的视野,并识别出该区域的可视域或不可视域。视野中心点会显示视高、半径、经度和纬度,绿色为可视域,红色为不可视域。

7.6.2 实践活动开展

实践活动开展之前,为了更好地进行实践评价,首先应让教师掌握评价指标和打分标准。对学生和教师进行分组,为了保证实验的客观性,邀请平顶山市某中学全班同学参加实践活动,每一位教师负责一组并对组内成员进行观察、打分。

本研究利用两个案例实施实践活动。实践活动一的课题为《地形和地势》,主要利用启星学院智慧地理教室的现代化技术手段,增加学生的体验感和真实感。例如,使用地理AR沙盘教学系统构建山脉、高原、平原、丘陵等地形,然后使用汽车漫游或飞机漫游模式,观察地形的起伏、植被的变化等,增强学生的直观体验;并利用语音立体地形图,寻找中国标志性地形区,培养学生读图析图能力;利用寰宇地理VR教学系统帮助学生知识复盘,加深对知识的理解和记忆。

实践活动二的课题是《北方地区》一章《自然特征与农业》。利用图新地球查看平顶山市适宜种植农作物的区域，分析该区域的地形地势、距河流远近等不同因素对农作物种植的影响；再结合启星学院智慧地理教室的寰宇地理VR教学系统使学生能够辨识农作物种类及适合生长的环境，利用网络收集资料、进行线上调研，了解平顶山地区农作物生长的有利条件和不利条件以及如何促进农业可持续发展。

7.6.3 实践活动一 ——《地形和地势》教学活动

(1)选定活动主题

实践性是地理学科的基本特点，利用现代化地理技术手段，如图新地球、寰宇地理VR教学系统等有效培养学生的地理实践力，通过虚拟环境使学生了解我国的地形和地势，培养家国情怀，同时也培养学生解决问题的能力，实现地理学科的应用价值。利用这些信息化教学手段能够增强一定的体验感，使学生足不出户就可以浏览我国各地的自然景观，加深学生对地形地貌相关知识的理解。

(2)制定活动方案

《地形和地势》这一课题属于自然地理范畴，学生在学习过程中运用自然地理的思维方式，结合现代技术手段和BOPPPS教学模式完成实践活动。首先将全班学生分为4组，在参与式学习中，小组成员各提出一个向往的旅游目的地(总数不少于5个)，将地点串联成线，小组组长扮演旅游团团长，小组成员共同讨论如何将这些旅游目的地串连成线，并介绍沿途地形地势、植被变化以及需携带的物品等。其次，在实践活动过程中，学生可以借助图新地球、语音立体地形图等工具查看地形地势、各地道路状况，测评者将在此过程中提供适当的帮助。最后，每组考核教师都会根据考核指标，对本环节成员的表现进行观察和记录。具体活动方案如表7-8。

表7-8 《地形和地势》实践活动设计表

活动主题	《地形和地势》实践活动
时间地点	平顶山市某中学
参与人员	平顶山市某中学学生
活动目的	运用相关技术手段，了解中国基本地形和整体地势特点； 培养学生读图析图能力、知识迁移能力、团队协作能力； 培养学生树立可持续发展、人与自然和谐共处的观点
活动步骤与任务要求	学习《地形和地势》有关地理知识，完成基础任务； 选择5个旅游目的地并设计最经济的旅游路线； 介绍沿途地形地势、植被、土壤等变化，并说明旅游过程中需要携带的必需物品

(3)活动过程实施

在活动实施时，将全班学生随机分为4组，每组配备一位教师。教师需认真观察每一位学生的表现，并将评价的思想贯穿在地理实践活动考察的全过程，进行实时打分。地理实践活动接近尾声时，学生对5个旅游目的地的相关情况进行汇报，并上交汇报成果。评价学生在《地形和地势》实践活动时，教师需结合同学的表现和成果综合评分。

此次教学采用BOPPPS教学模式，该模式以学生为中心，基于建构主义理论，强调以目标作为教学导向，倡导学生深度参与课堂[26]。BOPPPS教学模式始于20世纪加拿大教师教学技能工作坊(Instructional Skill Workshop, ISW)项目[29]。此教学模式将教学过程分解细化，整个步骤分为导言(Bridge in)、学习目标(Objective)、前测(Pre assessment)、参与式学习(Participatory Learning)、后测(Post assessment)和总结(Summary)六个教学环节[28]，设计思路清晰，实践性和可操作性强。

《义务教育地理课程标准(2022年版)》强调课程目标的确立要基于学生地理核心素养的培养，本案例将区域认知能力作为先导，播放纪录片为学习知识做铺垫的同时，帮助学生了解中国各区域，增强区域认知能力。以探究活动为引导，在学生亲身体验、动手操作的同时，将理论与实践相结合，培养学生在真实的情境中解决问题的能力，增强地理实践力。在综合思维能力培养方面，从整体角度出发，全面、系统地分析我国地形和地势对自然环境、经济社会发展的影响，并让学生以家乡为例分析这种影响，通过知识迁移，进一步提高学生的区域认知能力。最后，将人地协调观作为重点提升部分，将思想政治教育融入课堂，培养学生家国情怀和人与自然和谐共处的新理念，具体教学设计过程见图 7-2。

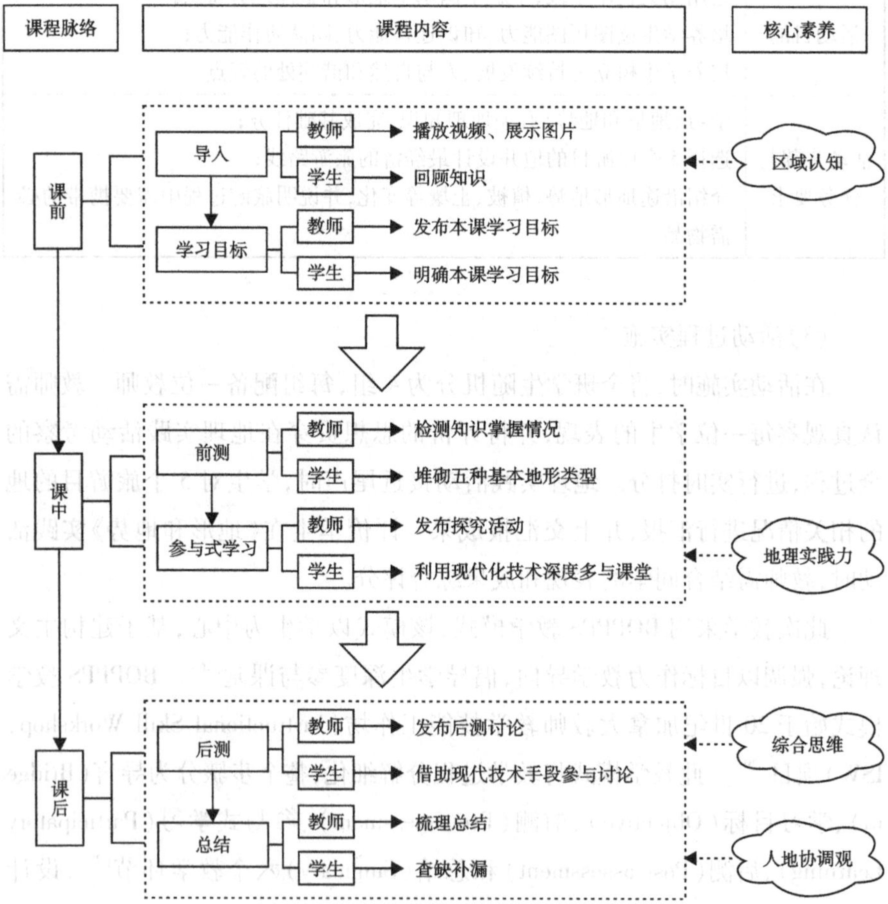

图 7-2 《地形和地势》教学流程图

步骤一：课程导入

在课前导入阶段播放央视纪录片《美丽中国》短片，通过对中国大好河山的感知进入新课。随后，欣赏三江平原、黄土高原、昆仑山脉的图片，回忆七年级所学的五种地形类型及其特点的知识。具体过程如下：

师："视频欣赏结束后，同学们仔细观察这几幅图片，并告诉老师这些属于什么地形类型？"

生："平原、高原和山地。"

师："有哪些同学能够挑战自我，回答出这些地形区的名称？在五种基本的地形类型中还有哪两种没有提及呢？"

生："三江平原、黄土高原和昆仑山脉。5种基本地形类型中还有盆地和丘陵没有提及。"

【设计意图】课前导入不仅能够吸引学生的注意力，还能够通过串联知识达到新知与旧知的融会贯通，减少学生对新课的陌生感，并且通过纪录片的展示，让学生感知中国不同区域的自然和人文风光，增强区域认知能力。

步骤二：展示学习目标

依据《义务教育地理课程标准(2022年版)》和学情，确定本节课的学习目标如下：①知识与技能。能够说出5种基本地形类型的概念，识记中国不同走向的山脉名称，并且能够根据中国地形图归纳地势特点。②过程与方法.培养学生读图析图能力、观察判断能力和主动探究能力。③情感态度与价值观。培养学生树立人与自然和谐相处、协调发展的基本地理观念。

【设计意图】展示学习目标，以便于学生掌握本节课所要达成的目标，集中学生的注意力，明确学习方向，全方位掌握本节课内容。

步骤三：前测

在前测的实施过程中主要采用实验法，学生动手操作现代技术设备以检测学生知识的掌握情况，便于调整后续教学进度。在前测部分引导学生使用地理AR沙盘教学系统，通过此系统所提供的"互动投影""3D漫游"功能，学生可以构建五种基本地形类型，将不同的地貌形态变化通过虚拟投影展示，便于学生更加直观地回顾地形特点。并且学生可以通过模拟汽车或飞机驾驶，观察不同海拔下植被的变化情况。

【测试过程】在活动过程中，首先将全班学生随机分为4组，每组成员合作讨论各种地形类型的特点。其次，引导学生利用地理AR沙盘教学系统建造平原、高原、山地、丘陵、盆地等基本地形。最后，在建造好各类地形类型后，利用地理AR沙盘教学系统的"传感技术"即时识别沙盘的高度变化，投影会根据模型高度投射分层设色图，进而演示不同地形地貌，并标注出各类地形类型的名称。学生再通过模拟驾驶“地图漫游”中的“汽车漫游”或“飞机漫游”,观察不同高度植被的变化,利用增强现实技术身临其境地观察、体验植被的垂直变化。“汽车漫游”速度缓慢,便于观察不同海拔、不同坡度的植被变化情况,以及阳坡、阴坡对植被的影响,如在山麓是阔叶林、山顶为针叶林,靠近海平面则为椰树,且阳坡植被类型更丰富,植被更加茂盛,阴坡植被种类相对较少,也更为稀疏。“飞机漫游”速度较快,且是以俯视的角度观察地形走向,便于学生观察各类地形的特点。

师:“分组进行 5 种基本地形类型的建造,每一组都需要利用地理 AR 沙盘教学系统把 5 种基本地形类型建造好,并解释说明其特征。”

生:“平原海拔在 200 m 以下且地形平坦,所以等高线数值低于 200 m,且分布稀疏。高原的特点是海拔在 1 000 m 以上,起伏比较缓和。盆地的特点是中部低,四周高。丘陵海拔在 200 m 以上、500 m 以下,起伏不大。山地的特点是海拔在 500 m 以上,有山峰和山坡。”

【设计意图】测试学生对于七年级所学的 5 种基本地形类型的掌握情况,并据此调整教学进度。引导学生使用现代教育技术进行课堂前测,采取增强现实技术使学生亲身感受不同地形的差异,增加学生对于课程的学习兴趣,加深对知识的理解和记忆,并为后续内容的讲授做铺垫,使难点易于突破。

步骤四:参与式学习

在参与式学习的过程中,引入语音立体地图、寰宇地理 VR 教学系统和图新地球创设问题情境,以问题为驱动,激发课堂活力。在第一个探究活动中,利用地理教具——语音立体地图,借助其立体性和视听同步的功能,帮助学生精准定位,培养空间思维。在第二个探究活动中,利用寰宇地理 VR 教学系统的虚拟现实技术,将抽象的知识具体化,通过 3D 眼镜增强现实的效果,能够明显看出中国地势三大阶梯的分界线,比平面图更形象、逼真,使学生能够深入参与互动。在第三个探究活动中,主要借助图新地球软件,该软件功能较多,学生可根据需要自行选用。例如,可利用“可视域分析”功能测定某一地点的视域情况,“沿线飞行”功能可通过调节不同的速度以宏观或微观的方式探查沿线地形地势走向。

【探究活动一】语言立体地图分析中国主要地形区

在活动过程中，各小组利用语音立体地图探查地形。第一小组负责在地图中找到中国的四大高原，并介绍其地理位置和主要特征。第二小组负责在地图中找到中国的四大盆地，第三小组负责找到三大丘陵，第四小组负责找到三大平原。在活动过程中，各小组组长分配任务，分别找出各地形区的地理位置，并使用无线点读笔的语音播报功能，获得各地形区的地理信息，通过小组讨论的方法讨论各地形区特点，并归纳总结地形对农业分布、交通线路分布的影响。

在此过程中，语音立体地图有助于各小组成员寻找所负责地形区的详细地理位置，通过触摸感受平原、盆地等的地势起伏差异；通过视觉感受高原与丘陵等地形的色彩差异，更加直观地感受中国地形地势的特点；使用点读笔让学生边看图、边听解说，达到视、听同步学习，帮助学生将抽象的知识具体化、形象化。

【探究活动二】寰宇地理 VR 教学系统开展实测闯关小游戏

在此活动开展之前，测评者需要抛出问题："在我国广袤的大地上，同学们还知道什么山脉？并将山脉按照走向分类。"通过问题导向，创设真实情境，引导学生利用游戏进行探究式学习，增强学习动机，提高学习兴趣。在活动开展过程中，学生戴上 3D 眼镜感受三维动态视景，并将该系统发布的 10 项任务作为关卡，小组协作一一通关。例如，在系统第六关，观察"中国地形剖面模型"，体验以北纬 40°为截面的中国地势立体效果，该系统的增强现实功能或使学生将抽象的"三级阶梯"概念清晰化、具象化。在系统第七关，观察、拖动或翻转"山体模型"，观察、分析水汽在不同坡度爬升的过程。首先闯关成功的小组获胜，获胜小组可在下个探究活动中选择汇报顺序。

【探究活动三】图新地球规划路线、制作旅行攻略

本次探究活动的任务是"争当旅游团团长"。每组学生需要在中国陆地上选定五个旅游地点，并将其串联成最短路线，设计旅游攻略。

活动过程中，学生利用图新地球的"标记点""绘制线"功能记录旅游地点并绘制旅游线路，这个功能有助于学生从宏观的角度查看旅游地点在中国的分布，并可依据各地点设计最短路线。利用"等高线分析"功能分析各类地形的具体高度，在设计旅游攻略时，帮助学生正确选择所需的装备。使用"地形夸张"功能可以看出地形地势明显的起伏变化，学生利用"地形夸

张”功能能够清晰地看出武夷山山脉的起伏，以此制订团队的旅游规划。利用“可视域分析”分析某地的视域情况，红色范围为不可见范围，绿色范围则为可见范围，此功能有助于学生了解武夷山的可见范围，有助于分析观看景色的最佳角度。利用“沿线飞行”功能观察线路中途经的地形类型、流经的河湖等，从宏观和微观两种角度观察地势地形，有利于完善旅游攻略。

探究活动过后，小组成员需讨论整合方案，并选出一名同学代表全组进行成果展示。此次探究活动提高了学生的团队合作能力、创新能力、发现问题和解决问题的能力。在虚拟环境中体验真实的情景，极大增强了学生的学习兴趣和体验感。

【设计意图】参与式学习以学生为中心，体现了以学生为本的教育教学理念，突出了学生的主体地位。合作探究不仅提高了学生的团队合作能力，而且激发了学生的学习动力，提高了学习兴趣，增强了地理实践能力。

步骤五：后测

在后测过程中，主要使用寰宇地理 VR 教学系统所提供的 3D 立体模型，将中国的地形地势以立体形态表现，呈现出更加逼真的视觉效果。各小组通过“立体农业分布”模型，利用“地形对农作物分布的影响”的知识，讨论在山体的不同部位应因地制宜种植不同种类、不同习性的农作物，将植物拖到适宜的高度种植，使学生身临其境地体验“种菜”的乐趣，加深对重难点的领悟。

【设计意图】后测的目的是帮助学生进一步巩固本节知识点，并学会进行知识迁移，提高地理应用能力和综合思维能力。

步骤六：总结（师生共同进行课堂小结）

利用表格的形式展示本节课所学的知识点，如表 7-9 所示，并由师生共同填写，以便于加深知识的理解和记忆。在总结环节完毕后，学生分享学习心得，有利于增强学习的积极性和主动性。教师可根据学生的回答适当补充课外知识，作为知识的扩展延伸。

表 7-9 课堂小结

四大高原	黄土高原	云贵高原	内蒙古高原	青藏高原
四大盆地	塔里木盆地	柴达木盆地	准噶尔盆地	四川盆地
三大平原	东北平原	华北平原	长江中下游平原	
三大丘陵	山东丘陵	辽东丘陵	东南丘陵	
地势特征	西高东低,呈阶梯状分布			

【设计意图】帮助学生进一步梳理本节课的知识脉络,构建知识框架,形成知识体系。在该环节中让学生分享各自的学习心得,将地形地势与各自家乡的发展联系起来,有助于培养学生的家国情怀,增强人地协调观的培养。

(4)教学反思

本案例将《地形和地势》与 BOPPPS 教学模式深度融合,结合现代化技术手段,不仅能够培养学生的实践能力和思维品质,而且还能帮助学生深度参与课堂,激发学生的学习热情和兴趣,提高课堂教学质量。以下 3 个环节需要特别注意:①在前测阶段采取多样化的考核方式,可增设探究类游戏作为本环节考核内容的载体,将此前内容作为固着点与本节所学内容相衔接,为新知和旧知搭建桥梁,减轻学生学习新知识的陌生感和恐惧感,促进同伴学习,最大程度地发挥前测阶段考核的效能。②在参与式学习中应采取小步子原则,逐步提升难度,使学生循序渐进地学习。学生在本环节中稍显吃力,应设置在学生的"最近发展区"内,将学习的整体内容分解成许多片段并结合学生的兴趣点,引导学生进行探究,增加课堂的活跃度。③在后测阶段可增加构建知识体系的环节。通过寰宇地理 VR 教学系统所提供的 3D 立体模型回忆具体知识点,据此引导学生制作本课思维导图,构建思维框架形成知识体系,在吸收内化知识的同时还可以降低知识遗忘的概率。

(5)评价结果及其分析

为保护学生的个人信息,在评价结果展示过程中,将全班同学随机分为 4 组,分别为 A 组、B 组、C 组、D 组。根据《地形和地势》的课程检测结果,检验学生地理实践力整体情况,结果如表 7-10 所示。

表 7-10 《地形和地势》地理实践力总分得分情况

编号	各项得分				总分	等级	提升建议
	地理实践认知	地理实践方法	地理实践能力	地理实践意志品质			
A	14.55	18.82	16.02	17.7	67.09	中	2、4、6、13
B	13.45	17.97	17.72	18.82	67.96	中	1、2、3、4、6、11
C	12.57	17.37	16.27	19.3	65.51	中	3、6、11、13、17
D	16.57	18.95	20.12	21.72	77.36	中	13、17

从表中可以得出，该班级同学地理实践力整体素养为中等水平，在地理实践力素养培养方面仍有较大提升空间，在地理实践认知方面尤其薄弱。据教师反映，学生在实践活动进行过程中，思维结构和逻辑性有待增强，语言组织能力和专业术语的掌握有待提高。总体上，地理实践认知水平需要在今后的实践活动中着重提升。

据此，地理教师应注重地理实践力的培养，将其引入课堂教学，使学生掌握系统、完整的知识体系，学会运用所学知识解决实际问题。在教学过程中，教师要积极引导学生发现地理问题，提出地理问题。另外，地理实践活动中学生的思维结构、思维深度和思维逻辑的培养也是今后应关注的重点。

7.6.4 实践活动二——《自然特征与农业》实践活动

(1)选定活动主题

班上学生基本上都是平顶山市本地人，拓展部分以平顶山市为例，学生比较熟悉，兴趣较高，收集资料也方便。课前要求学生广泛收集平顶山市农作物的相关资料，再以小组的方式汇总信息，归纳总结，形成活动成果。教师会根据各组汇报的过程和结果，参照评价指标进行打分，评价学生的实践能力。

(2)制定活动方案

《自然特征与农业》实践活动属于人文地理范畴，学生在实践活动中要注重地理区位条件，从地形、气候、土壤、交通、市场等多因素进行分析，总结出农作物生长于平顶山地区的有利条件和不利条件。首先，将班级学生随机分为 4 组，使用计算机、地形图、图新地球、寰宇地理 VR 教学系统等相关工具进行数据收集和分析。其次，在实施过程中以地理核心素养中的地理实践力为主线，融合区域认知、综合思维和人地协调观，以期实现地理学科核心素养的有效培养，并为实践力评价提供强有力的支撑。最后通过生生互评和教师评价为学生的过程表现和结果表现综合评分，并确定地理实践力等级，具体情况如表 7-11 所示。

表 7-11 《自然特征与农业》实践活动设计表

活动主题	《自然特征与农业》实践活动
时间地点	平顶山市某中学
参与人员	平顶山市某中学学生
学习目标	掌握北方地区范围、位置、气候等自然特征； 认识北方地区的农业特色和农业发展道路； 通过读图析图了解北方地区的自然特征； 增强对祖国北方的认识，提升民族自豪感
活动步骤与任务要求	学习北方地区《自然特征与农业》的基础知识并完成相应的练习； 分析平顶山市种植的主要农作物的有利及不利因素并汇总成果

(3)活动过程

在活动实施前，将班级同学随机分成 4 个小组，每组配备一位教师负责观察、记录和评价各组学生的表现情况。

此次教学过程采用 5E 教学模式，该模式是美国生物课程研究开发所基于建构主义教学理论和概念转变理论创立的针对科学教育的教学模式，通过吸引、探究、解释、迁移和评价五个教学环节[27]，培养学生解决问题的地理实践力，增强学生的探究意识、探究能力和团队合作能力。5E 教学模式强调学生是学习的主体，也是学习过程的主导者，老师的身份是向导和帮助者，主要引导学生在学习过程中更好地学习和掌握科学概念[30]。5E 教学模式所倡导的“学生中心和注重探究”的理念与《义务教育地理课程标准(2022 年版)》中的核心素养相契合。

在“吸引”环节，通过播放央视纪录片《航拍中国》节选片段，吸引学生注意力，增强学生的学习动机，培养区域认知能力。“探究”环节是5E教学模式的核心环节，结合当下热点话题“乡村振兴战略”，以综合的观点、整体的角度，全面、动态地认识北方地区，增强学生对于北方地区的认知，增强学生的综合思维能力。在“解释”环节，利用寰宇地理VR教学系统所提供的气候图解释华北地区春旱的特点及应对措施，为学生释疑解惑，帮助学生获得正确认知，建立起科学概念。“迁移”环节是对知识的拓展运用和再探究，将上述环节中获得的结论重新整合运用，有助于知识点的内化吸收，并且在本环节学生通过搜集资料、团队合作，能够有效增强地理实践力。在“评价”环节，学生可根据结果反馈，改变学习方式，培养人与自然和谐相处的人地协调观；教师也可了解学生对于知识的掌握，及时调整教学速度和教学策略。具体实施过程如图7-3所示。

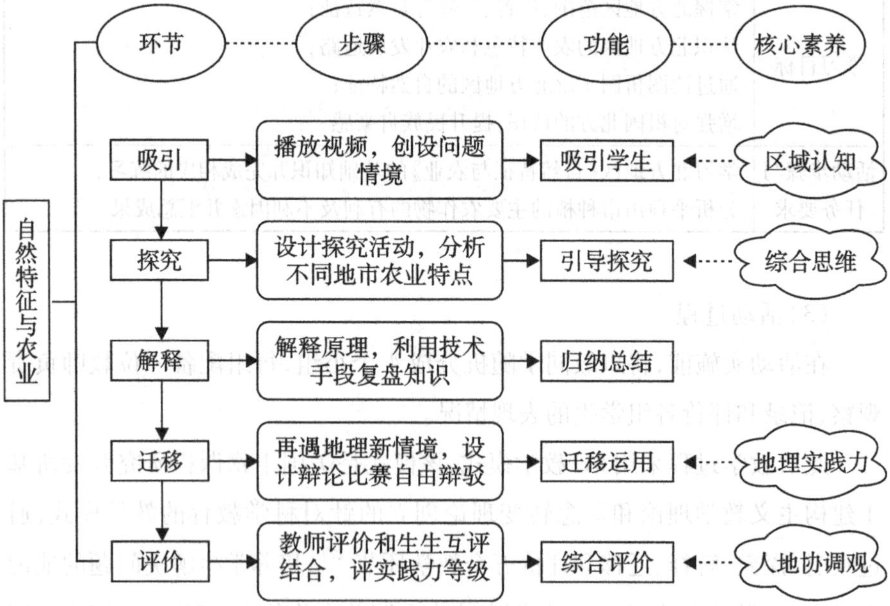

图7-3 基于5E教学模式的《自然特征与农业》教学流程

步骤一：创设情境，吸引学生

【播放视频】播放央视纪录片《航拍中国》的节选片段，引导学生猜想视频中的风光位于哪个分区，引起学生对于本节课的学习兴趣。利用中国四大分区图抛出问题，引发学生对于北方地区分区范围、位置所在、包含省份等问题的思考。结合自然要素如地形、气候、土壤和河流等，鼓励学生对北方地区的自然特征进行自主探究。

师："根据中国四大分区图，请同学们尝试说说北方地区所在的位置、包含的省级行政区以及北方地区拥有的地形区名称。"

生："北方地区位于青藏高原和大兴安岭一线以东、秦岭—淮河一线以北，东边濒临渤海和黄海。包含黑龙江、吉林、辽宁、内蒙古、北京、天津、山东、江苏、安徽、河北、河南、陕西、甘肃、宁夏、山西15个省级行政区的部分或全部。北方地区有黄土高原、东北平原、华北平原。"

师："分析某地区通常需要以自然要素为抓手，请根据地形、气候、土壤和河流等自然要素对北方地区进行分析。"

生："北方地区地形以平原和高原为主，包括东北平原、华北平原和黄土高原，黑土、黄土广布。北方地区气候为温带季风气候，夏季炎热多雨，冬季寒冷少雨，雨热同期，北方地区位于秦岭—淮河一线以北，河流流量小，冬季存在结冰期。"

【设计意图】通过播放纪录片，学生对北方地区有了初步了解，便于培养区域认知能力，帮助学生将抽象的图片转换为易于理解的知识，进一步增强学生对北方地区的认知，增强爱国爱家的情感。

步骤二：探究不同省份农业特点，增强地理兴趣，培养读图析图能力

党的十九大提出实施乡村振兴战略，必须始终把解决好"三农"问题作为全党工作的重中之重。乡村振兴的关键是产业振兴，产业振兴重点是要振兴现代农业。所以，将此次探究活动与各省份农业特点相结合，探究北方地区不同区域农业特点的同时，也可进一步增强学生对国家政策的了解，增强学生的爱国主义情感。

【探究目标】结合乡村振兴战略，学习北方地区不同省份的农业特点，并分析存在差异的原因。

【探究准备】准备好陕西、山东和黑龙江三省气温与降水量图以及图新地球软件。

【探究过程】将全班同学随机分为三组，邀请各组组长抽签决定准备进行农业特点分析的省份。第一组分析位于黄土高原的陕西省；第二组分析

位于华北平原的山东省；第三组分析位于东北平原的黑龙江省。分组结束后教师发布任务：如果给每组同学分拨 1 000 亩土地进行农业生产，分析所选省份农业生产的优点，提出别组省份农业生产的缺点。

首先，各组通过搜索各省关于做好乡村振兴重点工作的实施意见，分析其农业发展条件。例如，在陕南推广稻油一体化种植、保障"菜篮子"产品供给的条件下，分析陕西省种植水稻、油菜的条件，并解决如何合理分配 1 000 亩土地的问题。其次，使用图新地球软件的"地形夸张""等高线分析"等功能分析地形特征。通过"绘制面"绘制 1000 亩土地的面积，开启"等高线分析"功能，查看该地地势起伏情况，设计在不同坡度种植不同的农作物。同时还需找出其他省份开展农业种植的不利因素。最后，各小组成员整合意见，汇报该地农业特点。每组汇报后，各组可进行辩驳，集思广益，得到最优结果。

【设计意图】在本环节中，引导学生利用网络搜索农业相关信息、利用图新地球探查地形地势情况，在探究过程中分析各省对农业有利或不利的各类自然因素，培养综合思维能力。

步骤三：解释华北平原存在春旱的原因及应对措施

根据寰宇地理 VR 教学系统所提供的气候图、济南气温和降水量图、旱地模型，以山东省济南市为例，探究华北平原春季(3—5 月)气温和降水特点及其对农作物生长的影响，并讨论如何解决春旱问题。

从济南市气温和降水量图可以看出，降水集中在夏季，夏季气温高，冬季气温低，雨热同期，可判断出济南市属于温带大陆性季风气候。华北平原常有春旱发生的原因是春季降水少，且春季增温快，蒸发量较大，作物处于迅速生长期，需水量大。缓解春旱的应对措施如下：一是可通过开源——修建水库调节地表径流，调节水资源在时间上的变化；二是可通过节流，生活中节约用水、防治水污染也有助于缓解春旱问题；三是发展节水农业，如滴灌、喷灌等。

【设计意图】在"解释"环节中，通过探究春旱发生的原因，进一步巩固对北方地区自然特征的掌握，且利用所学知识解释生活、生产中遇到的难题，提高综合思维和学以致用的能力。

步骤四：知识迁移，培养地理实践力素养

迁移环节是对知识的拓展和运用，将所学知识重新整合，解决真实情境中的地理问题，提升学生的知识运用能力。本环节将以辩论赛的形式开展，选取北方地区中的平顶山市作为探究地点，将本节课所学知识迁移至平顶山市，以探究平顶山市自然环境与农业发展的关系，对“平顶山市最适宜种植小麦还是水稻”的辩题进行辩论。本环节将全班同学分为两组，分别是水稻组和小麦组，各组从平顶山市的自然环境特征入手分析探究最适宜种植的农作物类型。

【活动准备】准备平顶山市的地形图（图7-4），北方地区主要农作物、农产品分布图。

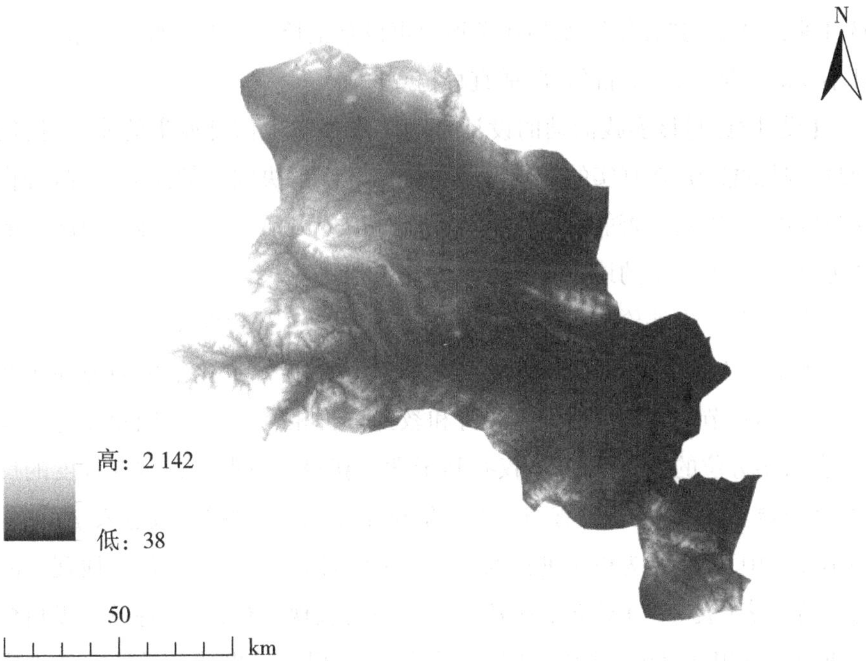

图7-4 平顶山市地形图

【探究过程】本次探究活动是以组队的形式开展辩论赛，第一组水稻组为正方，第二组小麦组为反方。通过平顶山市地形图可以看出，平顶山市地势西高东低，西部多山地、丘陵，东部以平原为主，且平原地带海拔在70米左右，东部地势平坦开阔。在气候方面，平顶山市位于北纬33°左右，属于暖温带和北亚热带过渡区,夏季降水多而集中,雨热同期。由于平顶山地区东部平原为北汝河、沙河和澧河冲积而成,土壤肥沃,有利于发展农业。平顶山市水系众多,沙河、北汝河、澧河、甘江河均流经此地,且区域内存在昭平台水库、白龟山水库、孤石滩水库等5座大型水库,水资源充足,便于灌溉。

水稻组:平顶山市气候属于温带季风气候,夏季降水充足且集中,雨热同期。水稻喜高温湿热,平顶山地区可满足水稻生长的条件。南阳市是北方地区种植水稻成功的先例,4 000亩的旱地改水田,再加上精心选种,南阳市种植出亩产超过1 200斤的水稻。

小麦组:平顶山市耕地以旱地为主,种植水稻需要将旱地改为水田,成本消耗大,且水稻需水量极高,平顶山市在2014年由于连日高温少雨造成63年来最严重的"夏旱",水稻在平顶山市极难生长。小麦需水量较水稻少,且小麦的产量大,营养价值高,适宜种植。

【设计意图】该实践活动的设计是为了增强学生信息搜集的能力、使用地理工具的能力,在真实的问题情境中培养学生解决问题的能力、团队合作交流的能力,以及是否能够根据本节课所学内容灵活迁移,加强知识融合的能力,以此培养学生的地理实践力。

步骤五:生生评价与教师评价相结合,实现多元评价促发展

评价量表是一个真实的测评工具,以明确的指标量化学生的地理实践力,并且本环节的评价采取生生评价和教师评价相结合,从不同角度进行评价,获得多方位的教学反馈,不仅有利于学生获得本节课知识掌握程度的反馈,及时调整学习方法;也有利于教师依据学生的学习效果,改进教学策略。在本环节中,以小组为单位进行地理实践力测评,教师和学生依据地理实践力评价量表(表7-7)对学生在各个环节中的表现进行打分,将各二级指标权重与得分相乘得出各指标的小分,每组小分相加得出总分后评定地理实践力等级。

【设计意图】"评价"环节分别基于学生和教师角度,分析地理实践力具体表现,评价主体多元化,评价方式、评价结果多样化,在评价过程中总结自然特征与农业之间存在的关系,培养学生的人地协调观。

(4)教学反思

《自然特征与农业》采用5E教学模式进行授课,融合现代化技术手段,

有效培养学生在实践活动中所具备的意志品质和行动能力,增强学生的地理实践力素养。以下3个环节需要特别注意:①在探究环节,可增设角色扮演、小组比赛等多种教学活动,全方位激发学生的学习动机。结合初中学生注意力难以长时间集中的特点,设计多项教学活动,使学生深度参与课堂,提高学生的参与度,增加课堂的趣味性,活跃课堂氛围。②在解释环节,重视学生的咨询建议与学习反馈。通过反馈结果及时调整教学速度,由浅入深,层层引导进行教学,以此持续维持、强化学生的学习动机,并及时回应学生的咨询建议,增强学习信心和动力。③迁移阶段,应重视知识的衔接与拓展,拓宽学生的"最近发展区"。提供有一定难度的练习与探究,以便于突破学生的舒适区,挖掘学生的潜力,也为超越发展区到下一个发展阶段做好铺垫。

(5)评价结果及其分析

为保护学生的个人信息,在评价结果展示过程中,用编码代表了分组,根据《自然特征与农业》实践活动检测学生地理实践力整体情况如表7-12所示。

表7-12 "平顶山市农作物种植条件调查"地理实践力总分得分情况

编号	各项得分				总分	等级	提升建议
	地理实践认知	地理实践方法	地理实践能力	地理实践意志品质			
A	13.25	18.67	16.93	19.13	67.98	中	3、4、13
B	13.18	18.4	16.55	19.85	67.98	中	3、6、11
C	12.2	16.35	15.93	20.65	65.13	中	8、9、11
D	15.45	18.35	18.22	19.2	71.22	中	6、11、17

从表7-12中可以看出,4个小组的地理实践力素养整体情况为中等水平,个别同学的实践力水平较差。在地理实践认知这方面较为薄弱,学生的思维结构和思维逻辑还不够严谨,言语表达欠佳,专业术语使用不当。但学生地理信息技术使用灵活,能够根据需求自行选择运用,且团队间交流配合密切,反映出的实践意志和实践情感较为浓厚。建议地理教师在今后教学

活动中,注重培养学生的地理实践认知,注重提升学生的思维结构、思维深度、思维逻辑和语言表达能力,从多种角度提升学生的地理实践力素养。

7.7 结论与建议

7.7.1 实践活动总结与反思

初中地理课程标准中明确提出紧紧围绕核心素养的培养,学习对生活和终身发展都有用的地理,地理实践力是学生用区域认知和综合思维的方式建立人地协调观时所应具备的行动能力和意志品质。地理实践力的培养将影响学生的地理认知能力、地理空间思维能力、地理应用能力和创新发展能力等,也深刻影响着地理教学和新课改的深入发展。本研究着重探讨在信息技术条件下,学生搜集、处理、分析地理信息的能力,以及设计地理实践方案的能力,并对地理实践力进行等级评定。

教师在地理知识传授的过程中,对学生地理实践力的培养不深入、不全面。大多数教师课堂上以传统讲授为主,应试的目的较强,地理实践活动不开展或者较少开展,并且多数教师认为开展一次或两次较简单的地理实践活动也能够培养学生地理实践能力,制作地球仪是比较受青睐的一项实践活动。同时,教师自身实践技能和素养不足。教师长时间进行地理课堂讲授,较少开展地理实践活动,对于活动的设计、组织和实施等环节不太熟悉。另外,地理实践活动缺少可以量化的评价标准,大多依赖教师主观评分或学生互评及自评,评分主观且评价方式较为单一,难以检测学生对知识是否理解和掌握。

7.7.2 实践活动建议

研究发现,学生的地理实践力培养不足,实践活动开展较少。为了提高学生对地理学习的热情,提高动手实操能力,本研究分别从教育主管部门、教师和学生角度提出实施建议。

(1)教育主管部门:大力支持地理实践活动的开展

教育行政部门和学校是地理实践活动开展的重要支持者和保障者,各种保障机制和政策支持措施是实践活动顺利开展与实施的条件之一。第一,开发地理实践活动基地,分拨教育实践经费。实践基地是地理实践活动开展的首要条件,实践基地设备是否齐全、功能是否完备将直接决定实践活动能否有效开展,实践目标能否顺利达成。无资金问题困扰的情况下,可考虑在校内建设微型实践基地,校园是学生最熟悉的场所,安全性高,地理模拟仿真实验室不仅为学生提供实践学习平台,也便于学生学习地理信息技术和使用各种地理工具,提高地理实践技能,增强学生对地理学科学习的兴趣。学校也可以与气象站、地震局、天文台、国土资源局等相关部门建立长期合作关系,这些部门不仅能提供地理学习的各项相关资料,且硬件设施齐全、信息化程度高、与生产或生活实际联系紧密,能够为学生提供有效的学习条件。资金问题也是困扰实践活动开展的重要因素之一,教育主管部门应成立专门的实践活动经费,保障实践活动的开展。第二,加强地理实践宣传,争取家庭社会认可。古语有云"读万卷书,不如行万里路",可见实践出真知的重要性,并且实践性是地理学科的重要特点之一,更应该加强和重视地理实践活动的开展。但"地理是副科"的思想并未消除,家长和社会对地理学科的重视程度不够,对地理实践活动更是重视不足。教育主管部门应大力宣传地理实践活动的重要性,采取线上线下相结合的方式,将地理实践活动的教育价值及学生参与活动后的收获与进步进行宣传,争取家庭—学校—社会全方位的支持。

(2)地理教师:做地理实践活动的引路人

地理教师在学生地理实践力培养过程中起主导作用。但部分地理教师对地理实践力理解不深,导致实践活动的实施效果不明显。针对上述问题,提出以下建议:首先,教师应该提升自身素质,加强对地理核心素养的理解;其次,地理教师应该加强相关培训,提高自身动手操作能力,熟练操作常见的地学信息软件,并将其充分融入课堂教学中,为地理实践活动的开展做好技术上的准备;最后,探索地理实践活动开展的新模式,户外自然考察或社会调查的实践活动实施起来比较困难,但教师可积极开展校内实践活动,例如在校园中开展"地图的判读"实践活动,通过小组合作绘制出校园平面图;

还可以观察太阳方位判断方向等。通过信息技术手段提高学生实践力也是当下比较受欢迎的一种方式，比如利用虚拟仿真技术、地理信息技术、遥感技术等可以提高学生的地理数据搜集能力、地理信息分析能力和空间决策能力等。

(3)学生:做地理实践活动的亲身体验者

学生是课堂实践活动的实施者、体验者，要学会在真实的地理环境中，利用所学知识和技能分析、解决实际地理问题。学生对于地理实践活动的认知程度直接影响了地理实践活动的开展，因此需要提高地理实践活动在学生心目中的地位，使其充分认识到地理实践活动的作用和意义。地理实践活动既是学生获取地理知识和技能的途径，也是巩固、提升理论知识的重要手段。在活动过程中，需要理论联系实际，重新构建知识体系，加强知识间的联系，利用所学知识探究地理现象、地理规律和地理成因，最终解决实际地理问题等。学生需要转变思维观念，积极参与实践活动，积极配合老师行动，提升地理实践认知、地理实践方法、地理实践能力和地理实践意志品质素养，在实践中成长，做新时代的“地理人”。

7.7.3 不足与展望

(1)地理实践力需要通过更多活动的开展才可以进行更科学的评价，这是一个长期的、循序渐进的过程，本研究中的两个案例只能说明部分学生地理实践力培养中存在的问题。学生的地理实践力将会随着地理实践活动的开展得以逐步提高，评价也需要伴随每一次活动的开展而实施。

(2)文中两个案例均在现代信息技术的辅助下在室内进行，与传统的野外考察、社会调查不同。前者主要培养学生信息搜集能力、分析能力、软件操作能力及活动方案的设计能力，后者主要培养学生的地理观察力、运用地理知识分析问题的能力及吃苦耐劳的精神。两种模式相互融合，即信息技术支持下的野外考察或调查，全方位、全过程培养学生地理实践力将是今后的发展趋势。

参考文献

[1]许雅婧. 基于表现性评价的地理实践力培养研究[D]. 武汉:华中师范大学,2020.

[2] Heffon S G, Downs R M. Geography for Life: National Geography Standard, Second Edition[S]. Washington, D C: National Council for Geographic Education, 2012.

[3]杨洁,丁尧清. 地理教育国际宪章2016[J]. 中学地理教学参考,2016(15):22-24.

[4]毕超. 英国《国家地理课程》的主要特点[J]. 课程. 教材. 教法,1996(05):54-57.

[5]杨代虎. 中美地理课程标准对比研究[D]. 南京:南京师范大学,2006.

[6]王小禹. 中美地理课程标准比较研究[D]. 长春:东北师范大学,2006.

[7]罗朝猛. 校外学习:日本中小学拓展课程的一道亮丽风景线[J]. 新教师,2013(05):18-19.

[8] ESTHER KILHEFFER, HENRY J. WARMAN. The Evaluation of Geography Teaching[J]. Journal of Geography, 1958, 57(6):308-314.

[9]ZUZOVSKY R, HARMON M C. TIMSS Performance Assessment [J]. Studies in Educational Evaluation, 1999, 25(100):173.

[10]Selahattin Aksit, Fisun Aksit, Cengiz Kayacilar. Geography Teaching: Without Walls [J], Procedia - Social and Behavioral Sciences, 2012, 46: 4487-4492.

[11]张鹏韬,高翠微,王民. 国际奥赛野外题评分标准对地理实践力评价的启示[J]. 地理教学,2020 (11):48-54,64.

[12]杨剑,李佳,曹琦明. SOLO二维评价系统在化学实验题中的应用[J]. 教育测量与评价,2016 (11):52-57.

[13]赵玉. 高中生地理实践力评价方案研究[D]. 南京:南京师范大学,2018.

[14]李廷勇,邵发仙,王建力等. 高中生地理实践与决策能力的评价[J]. 教学与管理,2012 (03):91-93.

[15]陆芷茗. 高中生地理实践力培养路径与评价[J]. 中学地理教学参考,2016(23):4-6.

[16]徐艺花.《新课程背景下构建初中化学实验评价体系与应用的研究》调查问卷的结果及分析[J]. 中国校外教育,2011(15):79,142.

[17]黄榕青,陈杰. 高中生地理实践力培养及评价方案[J]. 中学地理教学参考,2018(05):37-40.

[18]盛芸菲,吕宜平. 高中地理实践力评价指标体系构建[J]. 教学与管理,2019(04):48-51.

[19]姚萌,刘敏. 高中生地理实践力的评价体系构建研究[J]. 地理教学,2020(03):33-38.

[20]徐焰华,林培英. 我国高中生地理实践力素养评价指标体系的构建[J]. 课程. 教材. 教法,2018,38(10):86-92.

[21]高志芳,韩英,马敏立,等. 基于 UbD 理论的评价量规设计与实施——以"地图的阅读"为例[J]. 地理教学,2021(12):13-16.

[22]赵若琳. 基于量规的地理实践力可见化评价研究[D]. 武汉:华中师范大学,2021.

[23]吴芸. 高中生地理实践力评价研究[D]. 武汉:华中师范大学,2019.

[24]杨吾扬,张超,徐建华. 谈谈现代地理学中的数量方法与理论模式(上)[J]. 地域研究与开发,1996(01):4-7.

[25] SUSAN M. BROOKHART. Performance Assessment: Showing What Students Know and Can Do[M]. West Palm Beach, FL: Learning Sciences International, 2015.

[26]瞿华,水韬捷. 基于 BOPPPS 模型的全英教学探讨——以"旅游经济热点与公共政策"为例[J]. 辽宁教育行政学院学报,2021,38(03):50-55.

[27]冯慧灵,刘柄麟. 基于 5E 教学模式的地理实验教学设计——以"岩石与矿物"一节为例[J]. 中学地理教学参考,2018(08):35-37.

[28]罗宇,付绍静,李暾. 从 BOPPPS 教学模型看课堂教学改革[J]. 计

算机教育,2015(06):16-18.

[29]周伟,钟闻.基于BOPPPS教学模型的内涵与分析[J].大学教育,2018(01):112-115.

[30]刘玉荣,靳建华."5E"教学模式在化学教学中的应用[J].现代中小学教育,2013(07):41-43.

附录一 高中生地理实践力评价指标项所占权重问卷

一级指标	重要程度	二级指标	具体描述	重要程度
地理实践认知		言语信息	能否详细描述与实践活动相关的地理分布、地理数据等信息	
		思维结构	能否关联到其他知识,给出教师预想以外的答案	
		思维深度	能否就所提出的实践问题进行深层次的思考,全面考虑相关因素	
		思维逻辑	能否对所考察事物做清晰、准确、有逻辑的表述	
地理实践方法		信息获取	能否多手段多途径收集到相关的地理信息,并联系知识和技能分析处理	
		提出问题	能否提出实践过程中所遇到的实际问题并妥善解决	
		工具使用	是否善于使用工具搜集数据和分析处理地理信息	
		活动实施	能否号召小组成员合作进行实践活动调查	
地理实践能力		设计能力	能否根据真实情景设计出一个步骤详细、可行的活动方案	
		合作能力	能否与小组成员合理安排工作内容、沟通顺畅,便于达到合作共赢的效果	
		创新能力	能否根据实际需要,提出创造性的想法和解决措施	
		交流能力	能否运用地理语言准确表述实践成果和实践体会	
		迁移能力	能否运用以往所学知识技能,加强知识间的融合	

续表

一级指标	重要程度	二级指标	具体描述	重要程度
地理实践意志品质		实践态度	是否积极参与活动,踏实肯干	
		实践意志	主动克服实践中的问题	
		实践情感	热爱地理,构建人与自然和谐相处的理念,增强家国情感	
		实践反思	实践活动后能否总结反思不足之处和过人之处	

填表说明:用数字 1、2、3、4、5 对一级指标及其所属的二级指标的重要程度进行排序,如 5 代表最重要,4 代表重要,3 代表一般重要,2 代表不重要,1 代表极不重要。

附录二　初中生地理实践力现状调查问卷

1. 性别

①男性　②女性

2. 提起地理课程学习,你首先想到的学习方法是?(单选题)

①纸笔学习

②教师讲授为主

③探究性学习

④地理实践活动(野外考察、社会调查)

3. 你参加过地理实践活动吗?(单选题)

①参加过

②没有参加过

4. 你参加过什么类型的地理实践活动?(多选题)

①地理课堂实践活动(如地理讲演、地理竞赛、地理实验等)

②地理课外实践活动(如地理旅游、野外实习等)

③没有参加过

5. 你认为地理实践活动能够提升哪方面的能力?(多选题)

①能够提升语言表达能力

②能够加强思维活动能力

③能够培养沟通合作能力

④能够提升问题解决能力

⑤地理实践活动并没有起到提升能力的作用

6. 地理教材中的实践探究活动,你通常是如何完成的呢?(多选题)

①不是考试内容,没必要做

②难度比较大,不愿意做

③课后自己完成

④课后小组合作完成

⑤在老师组织下完成

7. 你是否喜欢自己动手制作一些地理小工具,例如地球仪等?(单选题)

①喜欢

②一般

③不喜欢

8. 你做过什么样的地理小发明?(简答题)

9. 你在日常生活中发现地理问题时通常如何解决?(多选题)

①组织同学合作完成

②独自思考

③寻求老师的帮助

④不解决问题

10. 你是否时常关注平顶山的农业状况?(单选题)

①感兴趣,经常关注

②偶尔关注

③不太关注

11. 平顶山主要种植哪些农作物?(简答题)

12. 你通常如何搜集地理实践的资料?(多选题)

①网络查询

②查看相关图书

③通过问卷调查

④询问长辈

13. 你能够根据地理调查的情况撰写调查报告吗？（单选题）

①能够撰写详细的报告

②撰写大概情况

③不会组织语言，不知道如何撰写

第8章 基于对分课堂的中学地理课堂教学行为研究

课堂教学行为的有效性和合理性将直接决定教学的效果和质量。在素质教育和新课改全面实施的大背景下，“对分课堂”这一中国原创的新型教学模式逐渐走进了中学地理课堂，深刻改变着课堂教学活动的进行，其行为模式将直接影响学生地理核心素养的培养。本研究选取国家教育资源平台的部级优课和平顶山市第七中学的地理实录课为研究对象，教学环境分别为传统的常态化地理课堂和初级信息化地理课堂，分别用 FIAS 和 TBAS 为课堂教学行为编码，利用 NVivo12 质性分析软件对所选取的案例视频进行课堂教学行为分析。结果表明：①讲授环节以教师讲授、提问等教学行为为主，但沉默或混乱影响其语言行为的有效性；②教师运用多样化技术进行讲授内容的呈现，有利于提高学生在讲授环节的参与度和学习质量；③教师以引导督促为主，学生通过“亮考帮”行为内省质疑、独立自学；④技术的使用有利于学生对知识的内化吸收，但会造成学生注意力的分散；⑤学生讨论积极性高，教师可随时参与讨论，师生、生生互动程度高，团队意识较强；⑥讨论过程中教师有使用技术进行互动的行为，但低效互动会造成时间浪费。研究结果将为中学地理课堂教学行为观察、教师专业发展提供实践经验。

8.1 引言

8.1.1 研究背景

课堂是进行教育教学活动的重要场所。课堂教学行为是为实现教学目标，教师对学生学习产生影响的一系列行为或活动，它不仅影响着教学质量和效果,而且影响着新课程改革的落实发展。随着地理新课程改革逐渐深入,地理教师也在积极转变传统的教学观念,改善教学行为活动,并且不断尝试新的教学模式。《教育信息化2.0行动计划》和《中国教育现代化2035》中也明确提出要不断改革课堂教学模式,充分利用信息技术,丰富并创新课堂教学形式,实现教育的规模化与个性化培养的有机结合。

在素质教育和新课改全面实施的大背景下,传统的讲授式教学模式受到多数教学工作者的抨击,学生的主体地位得不到彰显,教师多单向灌输式讲授,教育方式单一。当下,越来越多的新兴教学模式在教改的背景下不断出现,受到教育界的广泛关注。2014年复旦大学张学新教授提出了“对分课堂”这一中国原创的新型教学模式,得到了广泛响应,并迅速得到推广和应用,部分地理教师也将这种教学模式引入中学地理课堂,受到师生的一致好评。在对分课堂这一教学模式下,学生的学习行为是否能够有序有效地开展,在很大程度上取决于教师教学行为的引导和促进;课堂教学的效率和质量,也在很大程度上取决于教师教学行为的选择与组织。因此,地理教师的教学行为必定成为影响这一新型教学模式下教学质量的关键因素。在新课标出台和教改的大背景下,对中学地理课堂教学行为的研究将直接影响教改效果和学生核心素养的培养。

8.1.2 研究意义

(1) 理论意义

本文的主体部分是对中学地理课堂教学行为的分析探讨,符合中学地理课程标准对地理课堂教学评价的要求,也是对地理课堂教学行为等相关理论的深入剖析与细化,更是践行了新课改背景下的地理教学理念。中学地理课堂教学行为是践行地理教学理念、完成地理教学任务和达成地理教学目标的基本手段。这就决定了中学地理课堂教学行为的有关内容是“地理教学论”中不可或缺的重要组成部分,深入开展中学地理课堂教学行为研究,也是促进“地理教学论”学科建设与发展的重要方式。本研究基于对分课堂教学模式,在这一新型教学模式下对中学地理课堂教学行为进行研究,不仅可以丰富地理学科课堂教学模式的实践研究,进一步探讨对分课堂的教学模式在地理课堂中的应用,也能够为今后一线教师进行教学活动,为学生培养地理学习兴趣并提高积极性提供理论基础。

(2)实践意义

教学行为是一个由行为主体(教师和学生)以及与行为主体相关(直接或间接)的因素所构成的、在整个教学过程中所体现出的各种显性的和隐性的行为的总体[1]。在实践层面上意义如下:①对地理课堂教学行为的研究,能够帮助地理教师获得实践性知识,利于教师收集教学资料、分析教学方法是否有效,使教师更易察觉在教学中存在的问题;②有助于地理教师进行课后反思,分析学生的表现,从而促进教师教学能力提升;③有利于实现地理课程目标,激发学生的地理批判精神,本文基于对分课堂教学模式并进行实践,能进一步提升学生学习地理的兴趣,激发学习地理的动机,促进学生在有限的课堂学习时间内发现地理问题、解决地理问题;④有利于精准优化课堂教学,提高地理课堂教学质量。

8.1.3 研究现状

(1) 课堂教学行为研究现状

课堂教学行为始终是教育领域的研究热点,国外的研究起步较早,主要经历了以下几个时期:①1896 年美国学者克雷茨最早进行了教学行为的研究[2]。在早期的研究中,主要围绕教师品质这一主题,由于当时处于研究的起步时期,未能引起广泛关注,也没有形成一定的研究规模。②20 世纪 60 年代以后,人们才开始重视其相关研究,开始探讨行为与效果之间的关系,并注重分析影响因素。盖格[3]作为这一时期的重要人物,将教师的行为与效果之间建立起联系,使有关教学行为研究进入系统化发展时期。③20 世纪 80 年代,研究热点从只关注教师转为关注学生、分析学生学习效果,并开始进行教学评价相关研究。其中美国学者安德森、戴维德等人对教师行为的类型和结构进行了研究[4]。④ 20 世纪 90 年代以来,国外学者主要从各种模式对教学行为的影响方面进行研究。如美国学者弗兰德斯提出了互动分析方法[5]、亚科纳[6]探究了提高师生互动效率的综合机制、金恩庆[7]从教师效能感看师生互动影响、Anna M. Semanko[8]用合理行动方法预测教学行为、Franco Evelia[9]探究了教师行为与学生参与度的关系。

我国早期并没有直接针对课堂教学行为的研究,多是从教学设计、过程方法等方面进行研究。直到20世纪八九十年代,才开始进行教学行为方面的研究,并且多从教育学、心理学角度进行研究[10]。比如,傅道春、施长君等[11]通过研究师范生的教学行为系统,将教学行为进行分类;施良方、崔永漷[12]对教学策略进行研究,进一步阐述了教学行为特征,但未给出明确定义,唐松林等较早对其做出明确定义[13]。进入21世纪后,相关研究成果逐渐增多,大多以教学行为的质量评价、分类、含义界定等为主。由于我国在教学行为研究方面的起步较晚,因此相关研究探索还不够深入具体,尤其是在中学地理课堂教学行为方面的研究,并没有形成完整的理论体系。但新课改以来,我国相关研究迅速发展。

(2)对分课堂教学模式研究现状

对分课堂教学模式是复旦大学张学新教授在认知心理学原理指导下,结合自身教学经验构建的一种适合中国本土的原创性课堂教学模式[14]。对分课堂教学模式将课堂划分为两大部分:一部分是教师进行讲授,另一部分留给学生小组和班级交流讨论。在教师讲授环节和讨论环节中加入学生自我内化吸收环节,使学生在进入讨论环节之前做到"有备而来"。2018年,Phoncharee和Surimaung[15]针对留学生在方剂学教学中存在的问题,在课堂中运用SWOT分析法,探讨对分模式在课堂中应用的效果。这是对分课堂教学模式在国外的典型实践,在一定程度上提高了留学生的学习兴趣。但由于对分课堂是2014年提出的中国原创性教学模式,并首先在国内进行推广使用,因此在国外的教学应用研究较少。

自对分课堂教学模式提出以来,国内众多学者从不同角度对其进行研究,总的来说大致可以分为以下几个方面:①侧重于对理论的研究:如杜艳飞进一步阐述了对分课堂教学模式的理念和特点[16];赵婉莉从教学目标和教学流程两方面说明对分课堂促进学生深度学习的机理[17];金兰分析了对分课堂在重新定位师生角色、选择互补教学方法和综合运用教学组织形式方面的合理性[18]。②侧重于运用到学科中的实践研究:如陈慧娟、黄天锦将对分课堂教学模式运用到高中地理教学中,分析其教学效果[19];王世革[20]等学者将其引入化学实验中进行分析;姚堃、廖元锡[21]将其应用于高中物理以提高学生合作和参与意识。③侧重于结合其他教学模式及现代教育技术进行研究:如张春霞[22]基于自媒体平台设计了"微课+对分课堂"的混合模式;高玉垒[23]将BYOD和对分课堂教学模式进行融合研究。

以上说明对分课堂教学模式的研究正在向众多学科领域渗透,在研究内容上也从理论到实践发展,正向结合现代信息技术方向过渡,并取得了一定的研究成果,但在运用到教学实践方面,多是从教学效果和学生的学习角度去分析,少有运用质性分析工具对实录教学视频中的教学行为进行分析。对教学行为的研究,也少有结合对分课堂教学模式进行研究。在以往学者的研究基础上,本文基于对分课堂教学模式,对中学地理课堂教学行为进行探讨,并结合信息技术,利用FIAS和TBAS两种编码系统,使用NVivo12软件对实录地理课堂教学行为细化到秒进行分析,得出当前对分课堂教学模式下的中学地理课堂教学行为的特点,并对该模式下的课堂教学行为提出优化建议,从而加强地理学科中对教学行为研究的针对性,进而促进教学质量的提升,并为教学改革提供决策依据。

8.1.4 研究思路

本文的研究思路(图8-1)如下:

(1)在理论研究阶段,通过查阅教学行为、对分课堂教学模式等相关文献,分析总结国内外课堂教学行为和对分课堂模式的研究现状,指出现有研究的贡献和存在的问题,引出本研究的主要内容和创新点。

(2)在研究对象的选择阶段,选择国家教育资源平台"一师一优课"的部级优课和平顶山市第七中学的实录课,教学模式均为对分课堂教学模式,教学环境为传统的常态化地理课堂和初级信息化地理课堂,并确定研究方法,选择NVivo12研究工具。

(3)在确定课堂教学行为编码系统阶段,通过研究文献和咨询专家,确定弗兰德斯(FIAS)互动分析系统应用于传统地理课堂研究,TBAS教学行为分析系统应用于信息化地理课堂研究。

(4)在课堂教学行为矩阵分析阶段,通过FIAS互动分析系统和TBAS教学行为分析系统的编码量表,生成两节地理视频课例的原始数据表,基于此表建立10×10和15×15的迁移矩阵,以此进行教学行为关系分析。

(5)在用NVivo12进行课堂教学行为观察阶段,利用NVivo12编码工具,对所选的两节案例视频根据不同的编码系统进行编码,包括项目建立、节点关系建立、文本转录、视频切片编码、结果可视化统计等过程。

(6)NVivo12 数据结果分析阶段,通过对数据结果整体分析和对分模式不同环节的具体分析,如讲授环节分析、内化环节分析和讨论环节分析,从而得出研究结论,并对课堂教学行为的优化提出建议和意见。

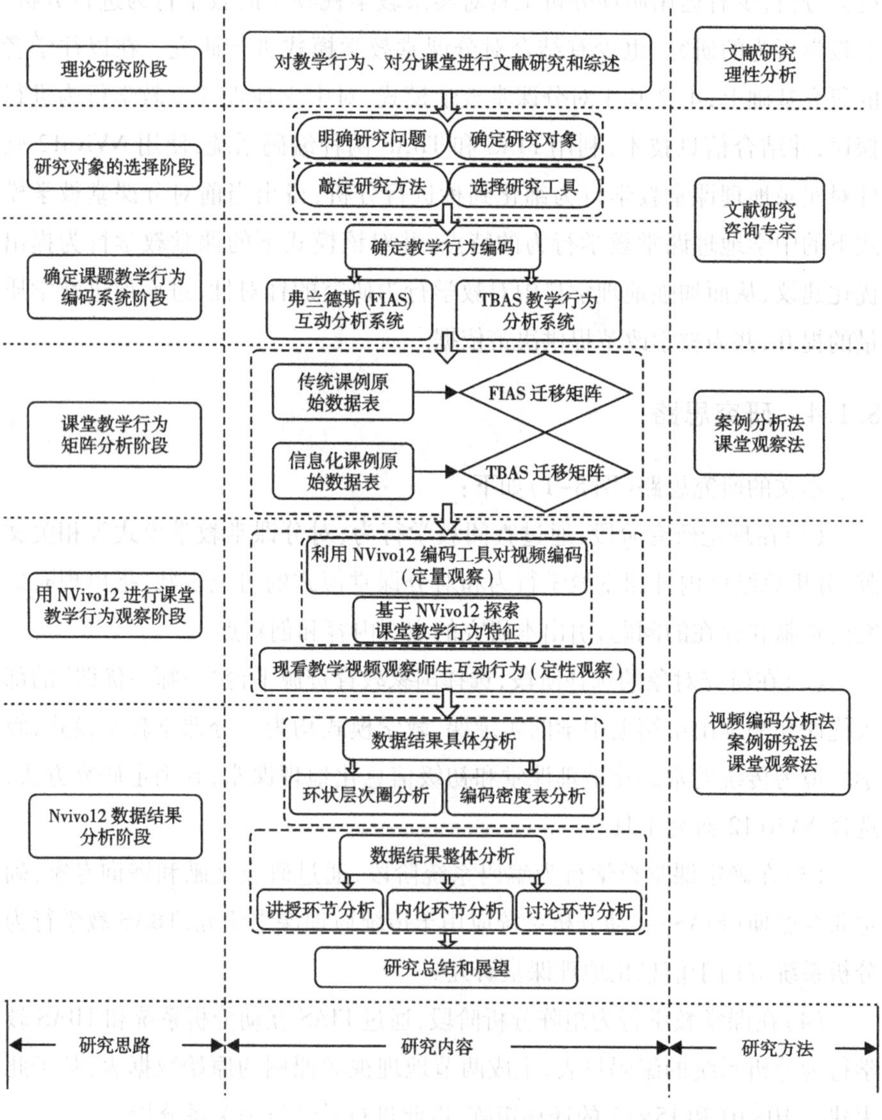

图 8-1 研究思路

8.2　研究设计

8.2.1　研究对象

本研究通过地理课堂实录视频对中学地理课堂教学行为进行研究，为使所选择的教学视频案例具有一定代表性，考虑到不同学校的教学环境、教学硬件设施、教学信息化条件等，分别选取了一般化的传统地理课堂和现代信息技术环境下的课堂教学案例视频分别进行研究。两个案例均采取对分课堂教学模式，该模式主要包括讲授环节、内化吸收环节、讨论环节。视频案例分别来源于国家教育资源平台“一师一优课”的部级优课和平顶山市第七中学八年级的地理课堂实录课。其中传统地理课堂案例视频所录制的班级是八年级对分课堂模式下的常态化地理课堂。由于中小学的信息化智慧教室建设还处在进一步发展阶段，所以使用信息化技术教学的班级并不多，本研究选择的现代信息技术环境下的课堂教学案例视频为初级信息化教室。授课教师勇于尝试新型教学模式并付诸实践，在地理课堂中熟练使用对分教学模式进行教学。经过前期的对比选择，最终确定了两节符合要求的中学地理课堂教学实录视频，案例视频的具体信息如表 8-1 所示。

表 8-1　地理教学案例视频具体信息

课堂主题	课堂时长（分钟）	课堂类型	主要教学环境描述	教学模式
地形和地势	40	新授课	常态化地理课堂	对分课堂
印度	35	新授课	信息化地理课堂	对分课堂

8.2.2　研究工具

本文以质性分析软件——NVivo 作为研究工具，对地理课堂实录视频进行质性分析，NVivo 是目前最具可行性和代表性的视频分析工具。本文使用的是2018年推出的最新版本NVivo12。NVivo12功能齐全,能够对多种资源进行导入和可视化分析,可以对视频进行固定时间的切分。在对实录地理课堂教学视频进行分析过程中,研究者可以根据自身的研究需要对案例视频进行切分,直接对切分后的视频片段建立节点及节点关系,并进行编码分析,但进行直接编码可能会出现编码不完整或编码错误的情况。为保证课堂案例视频编码的正确性及完整性,尽可能减少人为误差,本文将两节案例视频的语言行为先转录为文本,形成逐字稿,再根据视频内容和环节同步生成时间段,选择相应时间范围,通过反复播放视频来确保记录的完整性,从而完成文本的转录。转录完成后再剔除无关内容,确定编码,之后再对视频编码内容进行质性分析。具体步骤如下:

(1)首先导入视频材料,之后建立节点,建立节点属于前期准备工作的核心环节。本文研究采用FIAS互动分析系统(表8-2)和TBAS教学行为分析系统(见表8-3)为导入的视频编码,节点层次属于树状节点,根据观察量表在大节点下分别建立相应的子节点。

(2)将两个案例视频的语言行为转录为文本,形成逐字稿,再根据视频内容和环节同步生成时间段,选择相应时间范围,通过反复播放视频确保记录的完整性,从而完成文本的转录。

(3)完成文本转录后,对转录内容进行反复核对,对其中和教学行为无关的内容进行筛选剔除,如"同学们好""谢谢观看""老师再见"等。再按照所选取的教学行为观察量表对视频内容进行编码。

(4)完成地理课堂实录视频的编码后,利用软件中的质性分析功能,根据需要进行"聚类分析""比较分析"等,通过图表呈现量化分析结果。

根据实际研究情况,本文对所研究的2个案例视频分别采取两种观察量表,共进行两次编码分析。常态化传统地理课堂采用FIAS互动分析系统的观察量表进行节点设置和编码,现代信息技术环境下的地理课堂采用TBAS教学行为分析系统观察量表进行编码,增强其科学性和针对性。

8.2.3 研究方法

(1)文献研究法

本文采用文献研究法作为研究起步阶段的重要方法,查阅了关于地理课堂、教学行为研究、对分课堂教学模式、NVivo 质性分析等相关文献，分析总结了国内外课堂教学行为和对分课堂的研究现状，找出不足和创新点，确定本文的研究框架，选择合适的研究工具和编码系统。

(2)案例研究法

本文结合实际情况，以典型视频案例为素材，在对分课堂教学模式下，选取传统常态化地理课堂和现代信息技术环境下的课堂教学案例视频，从真实课堂教学视频资料中摄取信息、材料。对两个地理课堂视频案例的可视化分析，能够在一定程度上反映对分课堂教学模式下中学地理课堂教学行为特点，并分析对分课堂教学模式下中学地理课堂教学行为存在的问题，然后提出优化建议。

(3) 视频编码分析法

真实的地理课堂教学行为非常复杂，为此需借助一定观察工具，使用客观性较强的观察分析方法——视频分析法对其进行分析。本文采用此方法对所选取的地理课堂教学行为实录视频进行观察和分析，以确保研究的真实性和客观性。使用视频分析软件 NVivo12 对所选取的案例视频根据自身的研究需要，进行 3 秒和 5 秒的固定时间间隔切分，对切分后的视频片段建立节点和节点关系，将不同视频片段进行对应节点的编码，并对编码数据进行统计汇总，从而得出相应数据分析结果。

8.3　课堂教学行为编码系统

8.3.1　弗兰德斯互动分析系统

弗兰德斯(FIAS)互动分析系统是国外具有代表性的一种教学行为量化研究的经典方法。该方法采用特定的课堂教学行为编码系统识记师生互动行为，并以此为依据分析师生互动行为。编码系统主要包含三大部分，其中教师语言部分又细分为两方面的影响，如表 8-2 所示。此外，从促进教学行为研究的角度看，该编码系统对语言行为的表达清晰，便于研究者识别师生的语言行为，使中学地理课堂教学行为的研究具有较高的可行性。因此，本文在对常态化传统地理课堂案例视频进行探究时，主要采用 FIAS 互动分析系统的观察量表进行节点设置和编码。

表 8-2　FIAS 分类及编码表

分类		编码	行为内容	描述
教师语言	间接影响	1	接纳学生情感	用温和、亲近及细致的方式体会学生的情感及语气
		2	鼓励或表扬	给予学生适当的鼓励、表扬或赞赏
		3	采纳意见	肯定学生的说法，将学生意见进行比较，总结所学知识
		4	教师提问	教师提出问题，以教师问题为基础，期待学生回应及反馈
	直接影响	5	讲授	教师对课堂内容进行讲解，表述观点，对课本知识做出解释和引申
		6	指示	教师通过命令和引导，使学生对某事做出一定反应或执行命令
		7	批评	对学生错误看法、观点给予纠正，对学生某种行为进行指导和纠错
学生语言		8	学生被动讲话	学生对教师问题、讲解等做出反馈行为
		9	学生主动讲话	学生主动表达自己的观点，对新思路或方法进行阐述、提出问题
沉寂		10	沉默或混乱	学生保持沉默或者扰乱课堂秩序

8.3.2　TBAS 教学行为分析系统

TBAS 教学行为分析系统从教师活动和学生活动 2 个层面，并在信息化教学环境的课堂中对教学行为进行分类。该编码系统主要包含教师活动、学生活动和无教学意义活动这三大类，如表 8-3 所示。该分析系统比较适用于当下的信息化课堂，将教师和学生的行为进行细化，将现代课堂中师生采用信息化媒体的行为进行划分，使教学行为的描述更加细致。

表 8-3　TBAS 分类及编码表

分类	编码	行为内容	描述
教师活动	1	提问	教师提出问题,以教师问题为基础,学生回应及反馈
	2	反馈	教师对学生提问、回答等行为做出回应,给予意见反馈
	3	讲授	教师对课堂内容进行讲解,表述观点,对课本知识做出解释和引申
	4	指示	教师通过命令和引导,使学生对某事做出一定的反应或执行命令
	5	传统媒体演示	教师通过展示幻灯片、挂图、实物模型等方式呈现教学相关内容,展示知识点等
	6	计算机多媒体信息演示	教师通过计算机多媒体或网络演示信息,向学生展示教学内容,辅助课堂知识讲解
	7	设备基本操控	对计算机多媒体等设备进行调试,使其正常运作,如进行资源查找、文件拷贝等
	8	课堂的监督控制	教师对学生在课堂中的行为举止进行监督
学生活动	9	学生应答	学生对教师问题、讲解等做出反馈
	10	主动提问	学生主动表达自己的观点,对新思路或方法进行阐述、提出问题
	11	与同伴讨论	同桌或小组之间进行观点辨析和想法沟通
	12	做练习	以课堂中教师布置的任务为基础,进行课堂练习(朗读、课后习题、填图等)
	13	观看媒体演示	学生对媒体演示进行观看,如观看微课视频、地理动画或浏览相关网页等
	14	学生使用媒体	学生运用媒体收集资料,使用计算机进行操作,如观点呈现、演示小组成果等
无教学意义活动	15	无助于教学的沉静或混乱	在教学中出现沉寂或者学生保持沉默、扰乱课堂秩序等,出现暂时性沉静或混乱

8.3.3　编码过程示例

在同样的对分课堂教学模式下,由于所选择的两个案例视频分别为常态化的传统地理课堂和现代信息技术环境下的课堂教学案例视频，分别采用5秒和3秒切片取样，并且两个课例所用编码系统不同，教师风格不同，因此，会有不同的编码数量和参考节点数量（表8-4）。

表8-4 编码数量及节点

课例	编码数/个	切片时长/秒	节点数/个
信息化教学课例	674	3	15
传统教学课例	527	5	10

8.4 课堂教学行为矩阵分析

8.4.1 FIAS迁移矩阵分析

弗兰德斯互动分析系统（FIAS）是一套描述课堂教学行为的编码系统，采用课堂观察量表（表8-2）。此外，还存在一个用于显示编码行为关系、记录课堂教学行为的矩阵表格，即10×10的迁移矩阵（表8-5）。在迁移矩阵中，各区域的含义如下：区域E为表扬、接受学生情感、意见，位于表中1—3行列交汇区域；区域F为教师对学生行为的控制，位于表中6、7行列的交汇区；区域G为教师间接影响终止学生讲话，位于表中8、9行与1—3列的交汇区；区域H为教师直接影响终止学生讲话，位于表中8、9行与6、7列的交汇区；区域I为教师行为促进学生参与，位于表中4、5行与8—10列的交汇区；区域J为学生发言和交流，位于表中8、9行列交汇区；表中十字区域为教师提问与讲授行为，位于表中4、5行与1-7列交汇区。本文利用矩阵分析各类行为在教学中出现的次数及其相互关系，详细记录各类教学行为，对所选取的常态化地理课堂教学案例视频按30秒频率进行抽样，根据FIAS互动分析系统编码量表进行数据样本标记，形成最初的原始数据表。例如，表8-6所示数据是对所选地理课例《地形和地势》按30秒频率抽样标记所形成的原始数据表格，表中每行有10个数据单元，表示在5分钟内10个样本数据的编码行为，40分钟的地理课堂教学数据用表中的8行共80个数据表示。

表 8-5　FIAS 迁移矩阵分析

<table>
<tr><td></td><td>1</td><td>2</td><td>3</td><td>4</td><td>5</td><td>6</td><td>7</td><td>8</td><td>9</td><td>10</td><td>总计</td></tr>
<tr><td>1</td><td rowspan="3" colspan="3">区域 E</td><td rowspan="3" colspan="2"></td><td></td><td></td><td></td><td></td><td></td><td></td></tr>
<tr><td>2</td><td></td><td></td><td></td><td></td><td></td><td></td></tr>
<tr><td>3</td><td></td><td></td><td></td><td></td><td></td><td></td></tr>
<tr><td>4</td><td rowspan="2" colspan="7">十字区域</td><td rowspan="2" colspan="3">区域 I</td><td></td></tr>
<tr><td>5</td><td></td></tr>
<tr><td>6</td><td></td><td></td><td></td><td rowspan="2" colspan="2"></td><td rowspan="2" colspan="2">区域 F</td><td></td><td></td><td></td><td></td></tr>
<tr><td>7</td><td></td><td></td><td></td><td></td><td></td><td></td><td></td></tr>
<tr><td>8</td><td rowspan="2" colspan="3">区域 G</td><td></td><td></td><td rowspan="2" colspan="2">区域 H</td><td rowspan="2" colspan="2">区域 J</td><td></td><td></td></tr>
<tr><td>9</td><td></td><td></td><td></td><td></td></tr>
<tr><td>10</td><td></td><td></td><td></td><td></td><td></td><td></td><td></td><td></td><td></td><td></td><td></td></tr>
<tr><td>总计</td><td colspan="3">区域 A</td><td colspan="4">区域 B</td><td colspan="2">区域 C</td><td>区域 D</td><td></td></tr>
<tr><td></td><td colspan="3">教师间接影响</td><td colspan="4">教师直接影响</td><td colspan="2">学生语言</td><td>沉寂</td><td></td></tr>
</table>

表 8-6　传统教学课例原始数据

	1	2	3	4	5	6	7	8	9	10
1	5	10	4	8	5	6	4	8	4	8
2	5	4	8	6	1	8	5	8	2	5
3	6	6	9	9	6	10	10	9	6	10
4	10	9	9	8	6	8	9	6	8	9
5	10	6	4	6	9	6	9	2	5	5
6	8	4	9	9	3	9	9	9	6	9
7	9	9	9	6	8	2	3	10	5	4
8	8	2	8	5	5	4	6	8	9	5

根据传统教学课例《地形和地势》形成的原始数据表，将原始数据表中的数据进行整合，相邻的样本数据两两组合成一组序对，如表 8-6 中第一行数据，前 5 分钟可得出相应序对为(5,10)、(10,4)、(4,8)、(8,5)、(5,6)、(6,4)、(4,8)、(8,4)、(4,8)。在 10×10 的矩阵中，每一组序对中的前一个

数对应行，后一个数对应列，将不同序对填入对应的矩阵单元中，对原始数据表中整合的所有序对进行次数统计，如序对(5,10)共出现过一次，在矩阵中对应单元格的数值为1，则可形成相应的迁移矩阵，如表8-7所示。

表8-7 FIAS迁移矩阵

	1	2	3	4	5	6	7	8	9	10	总计
1	0	0	0	0	0	0	0	1	0	0	1
2	0	0	1	0	2	0	0	1	0	0	4
3	0	0	0	0	0	0	0	0	1	1	2
4	0	0	0	0	0	2	0	4	1	0	7
5	0	0	0	3	2	1	0	1	0	1	8
6	1	0	0	2	0	1	0	4	4	2	14
7	0	0	0	0	0	0	0	0	0	0	0
8	0	3	0	2	3	2	0	0	3	0	13
9	0	1	1	0	1	6	0	1	7	0	17
10	0	0	0	1	1	1	0	0	2	1	6
总计	1	4	2	8	9	13	0	12	18	5	72

根据FIAS迁移矩阵分析，再结合地理课堂实录视频观察，可分析出地理课堂中各类行为在教学中出现的相互关联。从整体上可以看出，序对(6,1)、(6,4)、(6,6)、(6,8)、(6,9)、(6,10)等教师指示后的行为活动出现较多，教师倾向于在给予学生一定的命令和指导后让学生做出相应的反馈行为。其次是序对(9,6)、(9,9)的单个单元格数据值较大，表明在学生主动讲话之后，教师会给予学生相应的反馈，对学生的表达进行总结和引导，并且学生在课堂中较多地出现连续性的表达行为，这主要反映在课堂的讨论交流环节学生表达自己的观点。从序对(3,10)、(5,10)、(6,10)可以看出，课堂中的沉默或混乱现象主要出现在教师讲授、指示和采纳意见行为之后，结合课堂观察可知，在讲授和命令引导学生的过程中，学生可能存在思考问题或走神的沉默现象，而在教师采纳意见行为后的课堂沉默或混乱，主要表现在教师给予学生鼓励或肯定时的课堂喧哗现象。

本文基于对分课堂教学模式对地理课堂教学行为进行观察，因此，从对分课堂教学模式的不同环节对 FIAS 迁移矩阵进行具体分析(各环节迁移矩阵分别如表 8-8、表 8-9、表 8-10 所示)。

表 8-8 讲授环节迁移矩阵

	1	2	3	4	5	6	7	8	9	10	总计
1								1			1
2					1						1
3											0
4								4			4
5				1		1		1		1	4
6	1			1		1					3
7											0
8		1		1	2	1					5
9											0
10				1							1
总计	1	1	0	4	3	3	0	6	0	1	19

表 8-9 内化吸收环节迁移矩阵

	1	2	3	4	5	6	7	8	9	10	总计
1											0
2											0
3											0
4											0
5											0
6								2	1	2	5
7											0
8						1			2		3
9						3		1	2		6
10						1			2	1	4
总计	0	0	0	0	0	5	0	3	7	3	18

表 8-10 讨论环节迁移矩阵

	1	2	3	4	5	6	7	8	9	10	总计
1											0
2			1		1			1			3
3									1	1	2
4						2			1		3
5				2	2						4
6				1				2	3		6
7											0
8		2		1	1				1		5
9		1	1		1	3			5		11
10					1						1
总计	0	3	2	4	6	5	0	3	11	1	35

(1)讲授环节分析：教学行为主要出现在表中十字区域内，以教师的讲授和提问行为为主，在迁移矩阵中，序对(4,8)、(8,4)、(4,4)、(8,8)表示教师提出问题，学生相应地做出反馈行为，给予应答。序对(4,8)出现4次、(8,4)出现1次，表明以教师提问学生回答的驱动性提问方式为主；序对(9,3)、(3,9)、(8,3)、(9,9)等表示教师采纳学生意见，引导学生主动表达自己的观点、提出问题等创新性行为未出现。讲授环节以教师精讲、重难点讲授行为为主，教师注重与学生的互动，而教师多采用驱动性的提问方式进行互动，引导学生紧随教师的讲授去思考问题，但让学生表达自己观点，体现创新性的问题没有体现，互动方式较为单一。

(2)内化吸收环节分析：在迁移矩阵中，教学行为集中体现在表中的C区域和D区域中，其次为C区域，符合内化吸收环节的整体要求，以学生独立自学为主。其中H区域中的序对(9,6)出现3次、(8,6)出现1次、(6,8)出现2次、(6,9)出现1次，表明教师在内化吸收环节通过给予学生命令或引导，进而督促学生进行内化吸收，学生在教师指示后能够进行后续学习活动。在迁移矩阵中J区域的相应单元格数值最多，表明以学生为主的连续性行为较多，整个内化吸收部分为学生连续性的进行内化、自学提升。

（3）讨论环节分析：在迁移矩阵中，各单元格数据较为分散，区域A、B、C中均有数据分布。对分课堂教学模式的讨论环节中师生交流讨论、生生之间的交流讨论较多，矩阵中的序对（8,2）出现2次、（9,2）出现1次，表明教师注重鼓励引导学生，在学生回答或主动讲话之后，教师会进行鼓励或表扬以激励学生。其中，学生讨论交流之后，教师也会进行相应的指示或讲解，序对（9,5）出现1次、（9,6）出现3次；讨论过程中教师的提问行为也与教师指示行为相互联系，序对（4,6）表明教师在提问后进行引导学生的教学行为，师生之间互动充分。

8.4.2　TBAS迁移矩阵分析

TBAS迁移矩阵分析的第一步是将地理教学案例视频《印度》，按30秒频率进行抽样，将每一个抽样样本的教学行为根据TBAS教学行为分析系统编码量表进行类型判定，并用对应编码量表的代码标记抽样样本，从而形成最初的原始数据表，见表8-11。表中每行有10个数据单元，表示在5分钟内10个样本数据的编码行为，35分钟的地理课堂教学行为数据用表中的7行共70个数据表示。

表8-11　信息化教学课例原始数据表

	1	2	3	4	5	6	7	8	9	10
1	3	6	13	13	6	13	6	1	9	2
2	7	3	3	3	1	9	3	1	9	4
3	5	8	4	3	3	1	9	3	7	4
4	8	7	14	14	4	14	12	12	4	12
5	14	12	12	4	12	12	8	4	12	8
6	4	11	10	2	11	11	1	9	4	3
7	10	2	1	9	4	11	11	4	9	3

将原始数据表中的数据进行整合，相邻的样本数据两两组合成一组序对，如表8-11中第一行数据，前5分钟可得出相应序对分别为（3,6）、（6,13）、（13,13）、（13,6）、（6,13）、（13,6）、（6,1）、（1,9）、（9,2）。根据TBAS

教学行为分析系统形成 15×15 的矩阵，将不同序对填入对应的矩阵单元中，对原始数据表中整合的所有序对进行次数统计，则可形成相应的迁移矩阵，如表 8-12 所示。

表 8-12 TBAS 迁移矩阵

	1	2	3	4	5	6	7	8	9	10	11	12	13	14	15	总计
1	0	0	0	0	0	0	0	0	6	0	0	0	0	0	0	6
2	1	0	0	0	0	0	0	0	0	0	1	0	0	0	0	2
3	3	0	3	0	0	1	1	0	0	0	0	0	0	0	0	8
4	0	0	2	0	0	0	0	0	1	0	2	3	0	1	0	9
5	0	0	0	0	0	0	0	1	0	0	0	0	0	0	0	1
6	1	0	0	0	0	0	0	0	0	0	0	0	2	0	0	3
7	0	0	1	1	0	0	0	0	0	0	0	0	0	1	0	3
8	0	0	0	2	0	0	1	0	0	0	0	0	0	0	0	3
9	0	1	3	3	0	0	0	0	0	0	0	0	0	0	0	7
10	0	2	0	0	0	0	0	0	0	0	0	0	0	0	0	2
11	1	0	0	1	0	0	0	0	0	1	2	0	0	0	0	5
12	0	0	0	2	0	0	0	2	0	0	0	3	0	0	0	7
13	0	0	0	0	0	2	0	0	0	0	0	0	1	0	0	3
14	0	0	0	1	0	0	0	0	0	0	0	2	0	1	0	4
15	0	0	0	0	0	0	0	0	0	0	0	0	0	0	0	0
总计	6	3	9	10	0	3	2	3	7	1	5	8	3	3	0	63

根据 TBAS 迁移矩阵分析表，再结合地理课堂实录视频观察，得出信息化地理课堂中各类行为在教学中出现的相互关系。从整体上可以看出序对(3,1)、(3,3)、(1,9)、(4,12)、(9,3)、(9,4)、(12,12)的单元格数值较大，表明信息化地理课堂中主要课堂教学行为有：教师讲授后提问、连续性的讲授、提问后学生积极应答、教师指示后学生做练习、学生表达后教师继续讲授和指示，以及学生连续性地做练习。序对(7,3)、(7,4)、(7,14)表明教师有明显的进行设备基本操作后的讲授和指示行为，以及在对计算机多媒体

设备进行调试后让学生进行媒体操作、收集资料的行为。其中，序对(6,1)、(6,12)表明存在教师充分利用计算机多媒体进行演示，而后提问，以及计算机多媒体演示后学生观看媒体演示的关联性行为。在学生使用媒体方面，序对(14,4)、(14,12)、(14,14)表明学生使用媒体行为与教师指示、学生做练习行为相互联系，教师会对学生的媒体操作给予一定的指导，学生在做练习活动之前使用媒体，有助于练习的高效完成。

接下来，从对分课堂教学模式的不同环节对 TBAS 迁移矩阵进行分析，各环节迁移矩阵分别如表 8-13 ~ 表 8-15 所示。

表 8-13　讲授环节迁移矩阵

	1	2	3	4	5	6	7	8	9	10	11	12	13	14	15	总计
1									4							4
2																0
3	3		3			1	1									8
4			1													1
5								1								1
6	1												2			3
7			1	1												2
8				1												1
9		1	2	1												4
10																0
11																0
12																0
13						2							1			3
14																0
15																0
总计	4	1	7	3	0	3	1	1	4	0	0	0	3	0	0	27

表 8-14 内化吸收环节迁移矩阵

	1	2	3	4	5	6	7	8	9	10	11	12	13	14	15	总计
1																0
2																0
3																0
4												3		1		4
5																0
6																0
7														1		1
8				1			1									2
9																0
10																0
11																0
12				2				2				3				7
13																0
14				1								2		1		4
15																0
总计	0	0	0	4	0	0	1	2	0	0	0	8	0	3	0	18

表 8–15　讨论环节迁移矩阵

	1	2	3	4	5	6	7	8	9	10	11	12	13	14	15	总计
1									2							2
2	1										1					2
3																0
4			1						1		2					4
5																0
6																0
7																0
8																0
9			1	2												3
10		2														2
11	1			1						1	2					5
12																0
13																0
14																0
15																0
总计	2	2	2	3	0	0	0	0	3	1	5	0	0	0	0	18

(1)讲授环节分析:讲授环节教学行为的相互关联主要表现在序对(3,1)出现3次、(3,3)出现3次、(9,3)出现2次、(13,6)出现2次、(1,9)出现4次、(6,13)出现2次,表明教师主要有讲授后提问、连续性讲授、运用多媒体信息演示后让同学们观看、提问后学生回答等行为,教师注重师生之间的互动,各教学环节之间联系紧密。其中,序对(7,3)、(7,4)表明教师有明显的进行设备基本操控之后的讲授和指示行为,在设备调控期间课堂可能会出现沉默或学生无目的性地观看教师进行设备调控等低效互动时间。讲授

环节教师善于利用计算机多媒体设备进行讲授，序对(6,1)、(3,6)也表明教师在进行计算机多媒体信息演示行为之后有进行提问和讲授等行为。

(2)内化吸收环节分析：在迁移矩阵中，序对(4,12)出现3次、(12,4)出现2次、(12,8)出现2次、(12,12)出现3次、(14,12)出现2次，表明在内化吸收环节中以学生做练习的活动为主，在学生做练习过程中，存在教师指示后练习、学生做练习过程中教师指示引导、教师在学生内化吸收环节中对课堂进行监督控制、学生使用媒体查阅资料后做练习等行为。在内化吸收环节中，序对(14,4)、(14,12)表明学生使用媒体的行为多与学生做练习活动、教师指示和引导学生的行为活动联系在一起，表明在信息化地理课堂中，学生善于利用多媒体信息资源收集资料帮助内化吸收，教师在内化吸收环节起到辅助引导的作用，教师的监督、指示等行为活动与学生活动联系紧密。

(3)讨论环节分析：在迁移矩阵中，单元格数据主要集中在序对(4,11)(2次)、(9,4)(2次)、(10,2)(2次)和(11,11)(2次)，表明在讨论环节主要包括以下行为：教师指示后学生讨论、学生应答后教师指示、学生主动提问后教师给予反馈、连续性的学生讨论活动等，师生之间、生生之间的讨论行为类型较多且互动频繁，教师有效参与到讨论活动中去。其中，序对(2,1)、(2,11)表明教师对学生的问题、讲述等行为进行反馈后提问或教师反馈后学生继续与同伴讨论，说明教师在讨论环节注重对学生讨论内容的引导，以及给予学生讨论内容的指导反馈。

8.5 NVivo12 编码数据结果整体分析

中学地理课堂由多种教学行为组合而成，具有相对复杂性。要对基于对分课堂教学模式的中学地理课堂教学行为进行深入分析，必须先从整体上分析对分模式下的中学地理课堂教学行为，进而把握课堂整体所呈现出的师生行为特点和规律。本文对所选取的两节中学地理课堂实录视频，从整体上分析课堂教学行为中的主体行为、各教学行为的贡献度和教学行为各编码的覆盖率。

8.5.1 环状层次图分析

本研究选用 NVivo12 中的层次图表分析功能，对选定的节点项创建层次图表，再选用层次图表中的环状层次图来表现两节教学课例中的教学行为（图 8-2，图 8-3）。环状层次图呈环形放射结构，呈现各教学行为编码节点的编码量。在层次结构中，里环层次结构高于外环，分别对应编码量表中所呈现的父节点和子节点。对各编码节点使用不同颜色呈现，再根据不同节点的编码数量生成大小。这种环状层次的组合，使各编码结构的层次更加清晰。以下是对两节课例的环状层次结构分析。

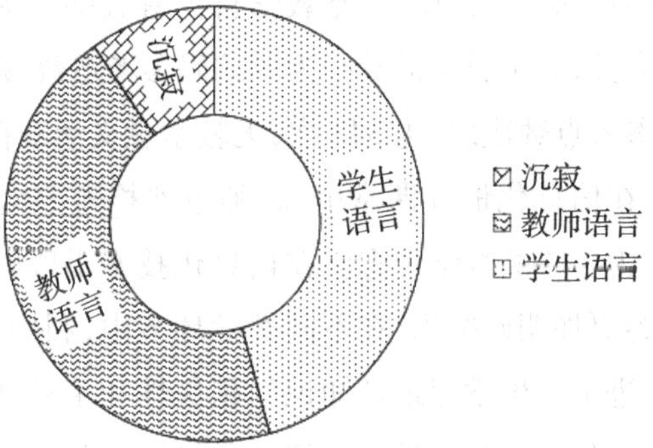

图 8-2 传统地理课堂案例环状层次图

在传统中学地理课堂中，教师语言行为和学生语言行为所占比例大致相同，其中学生语言教学行为编码节点的编码量最大，为 241 次；教师语言教学行为编码节点的编码量次之，为 235 次；占比最小的是沉寂教学行为编码量，仅 51 次。结合本节地理课堂实录视频观察可知，此节传统地理课堂案例是典型的对分模式，突出了教师和学生的主体行为，将整个课堂时间对分，师生各属一半，形成师生“对分”的教学格局，打破了传统地理教师“一言堂”的灌输式课堂。在地理课堂教学行为活动中，学生充分参与，体现了学生的主体地位，课堂以学生为中心，以教师为主导。

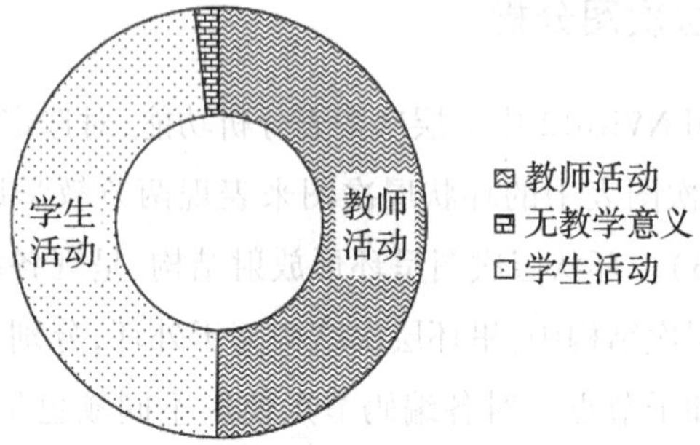

图 8-3　信息化地理课堂案例环状层次图

在信息化地理课堂案例中，课堂教学行为有教师活动、学生活动和无教学意义活动三大类，其中教师活动行为的编码参考点数最多，为 350 次，学生活动行为编码参考点数次之，为 343 次，无教学意义活动存在了 13 次。从环状层次图来看，在信息化地理课堂中，教师也严格遵照对分的模式，突出教师主导、以学生为中心的教学理念。在信息化技术手段的辅助下，师生之间的教学行为内容更加明确突出，在不同教学环节中，利用信息化手段与对分模式相融合，促进了学生学习地理知识的积极性和主动性，提升了学生的课堂参与度和学习兴趣，提高了学生的信息素养和自主学习能力。

8.5.2　编码密度表分析

NVivo12 中的编码密度表可以将两个案例视频的内容量化表示，呈现各编码密度及编码覆盖度比例（图 8-4 ~ 图 8-7）。NVivo12 对各编码用不同的颜色表示，以作区分，并且能够从编码密度表中观察各编码在地理课堂中的位置及各种教学行为的持续时长和频次。通过编码密度表对教学行为进行量化分析，对实录视频进行定性分析，从而实现对中学地理课堂教学行为的整体分析。

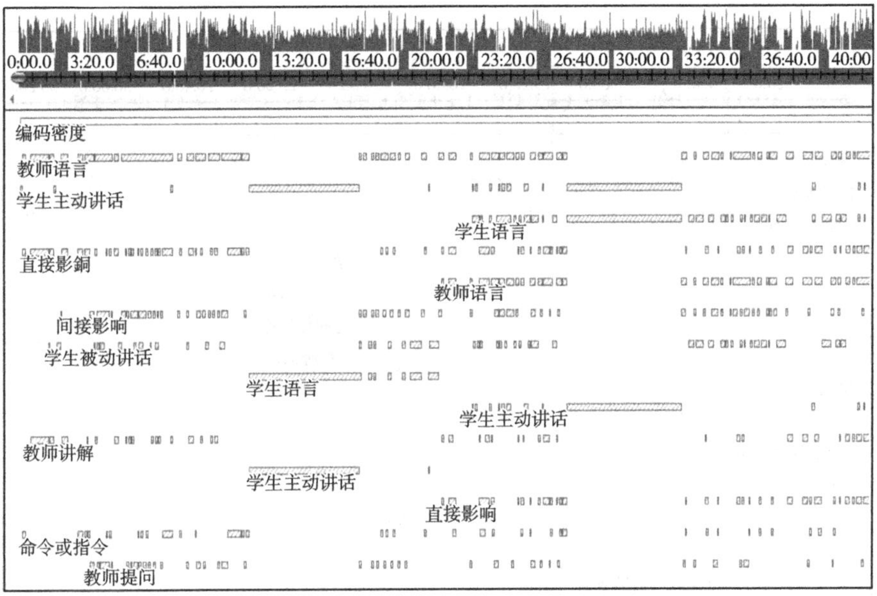

图 8–4　传统地理课堂案例编码密度表

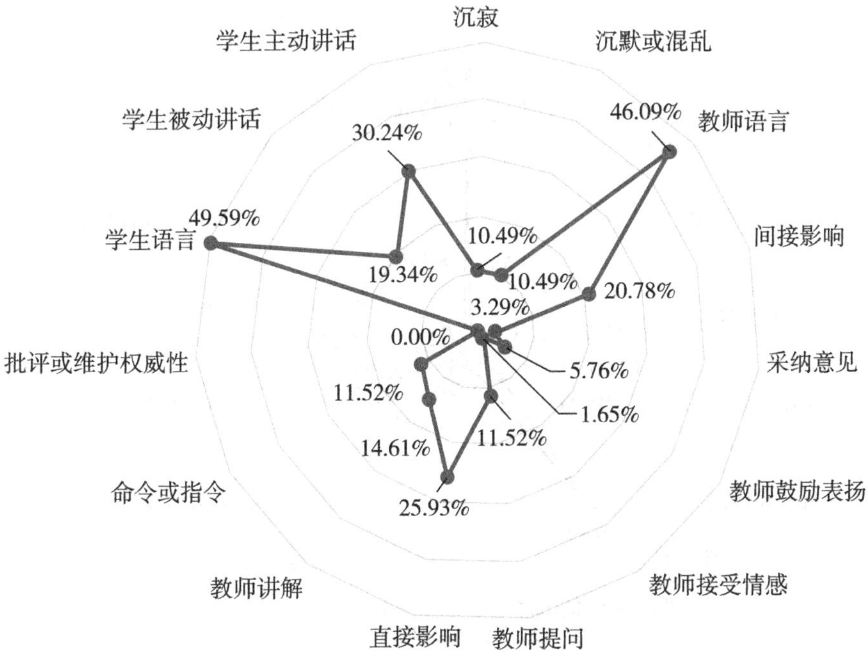

图 8–5　传统地理课堂案例编码覆盖度比例

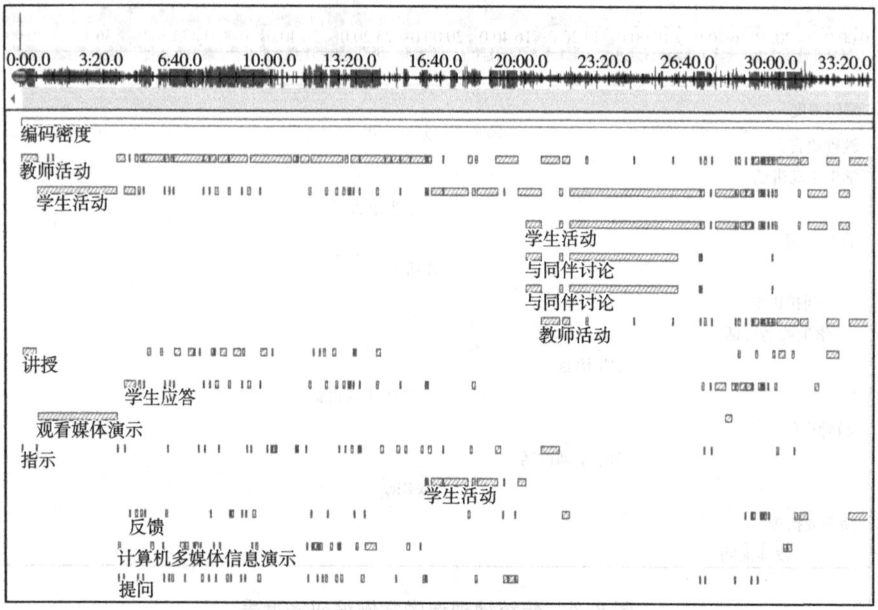

图 8-6　信息化地理课堂案例编码密度表

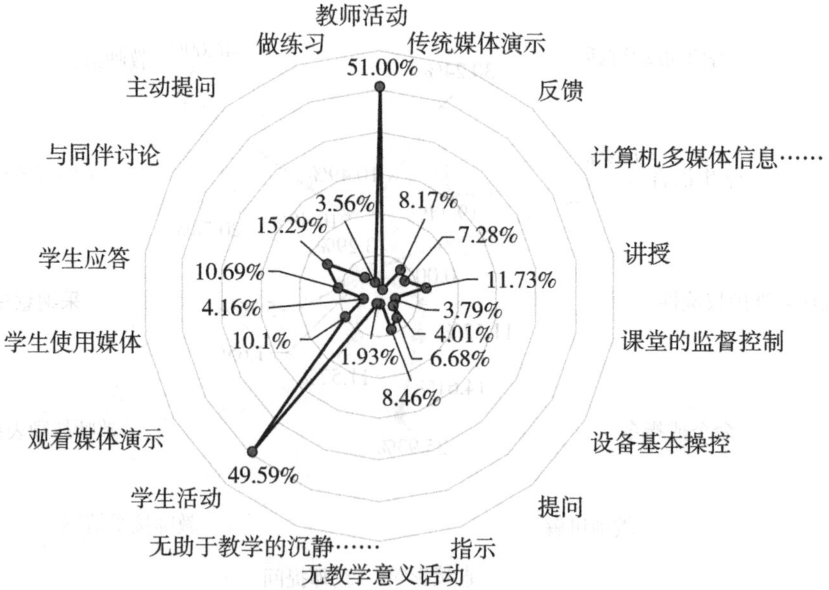

图 8-7　信息化地理课堂案例编码覆盖度比例

在传统地理课堂案例中,"学生语言"覆盖度所占比例最高,达到49.59%,其中学生语言的子节点"学生主动讲话"的覆盖度为30.24%,特别是在10分50秒到16分10秒之间表现尤为明显,该时间段为学生的内化吸收环节;"学生被动讲话"覆盖度占比为19.34%,在25分40秒到31分30秒之间最为突出,此时间段为讨论环节,在该环节中学生对教师提问、同学设疑进行反馈,包括"是""不是""对""不对"等简单回答。"教师语言"覆盖度为46.09%,在父节点中占比排第二,其中教师语言的子节点"教师讲解"的覆盖度最高,为14.61%,主要集中在课堂初始讲授环节的前10分钟;"教师命令或指令"及"教师提问"行为的覆盖度均为11.52%,主要呈零散状分布在课堂的各个环节,以教师的提问设疑和教师的引导为主;"教师鼓励表扬"的覆盖度为5.76%,"采纳意见"和"教师接受情感"的覆盖度分别为3.29%、1.65%,编码密度表上所呈现的时间线皆比较短小,然而在19分10秒到23分35秒之间较为集中,这段时间为讨论环节,学生表现较好,教师对学生的表现及时予以肯定;"批评或维护权威性"的教学行为并未出现,表明学生在课堂上较为配合,老师以激励表扬为主。

总体上,教师严格把握对分课堂教学模式,注重学生在各个教学环节的参与行为,师生之间的互动频率高,整体课堂教学氛围较活跃,充分体现了学生的主体地位。在对分模式下,学生在地理课堂中的内化吸收、讨论环节的参与度较高,从学生整体表现来看,效果较好。

在信息化地理课堂案例中,"教师活动"的编码覆盖度占比最高,为51.00%,特别是在课堂初始环节的3分51秒到16分18秒之间,此段时间以教师的讲授为主;其次是"学生活动"的编码覆盖度,为49.59%,主要在21分40秒到27分之间,以学生与同伴之间的讨论为主。在教师活动的子节点行为中,"讲授"占11.73%,其次是"指示"和"反馈",分别为8.46%和8.17%,"指示"和"反馈"行为零散分布在课堂教学行为的各个环节,体现了"教师是学生学习的引导者和发展的促进者"这一教学理念。"教师活动"中,教师进行"计算机多媒体信息演示"和"提问"行为也较为突出,编码覆盖度分别为7.28%和6.68%,表明教师在课堂教学行为中充分利用多媒体信息技术与学生沟通互动。在"学生活动"的子节点行为内容中,"与同伴讨论"占比最多,为15.29%,其次是"学生应答"和"观看媒体演示",分别为

10.69%和10.10%,“学生应答”行为表明学生在课堂中积极回应教师的提问,学生“观看媒体演示”主要集中在37秒到3分47秒之间,以教师播放视频为主;学生“主动提问”占比为6.53%,主要在讨论环节;最少的教学行为是“无教学意义的活动”和“传统媒体演示”,分别为1.93%、1.78%,在信息化环境下,传统的媒体演示如写板书等行为活动明显减少。

总体上,在信息化环境下的地理课堂案例中,由于信息技术的应用,各个环节的教学行为更加明显,整体上符合对分模式各环节教学行为分布状态,信息技术的应用在一定程度上也促进了学生的参与。

8.6 NVivo12 编码数据结果具体分析

8.6.1 基于对分课堂模式的讲授环节分析

本文通过使用NVivo12的编码数据统计模块,分别对传统地理实录课堂《地形和地势》和信息化实录课堂《印度》的讲授环节进行分析。在“当堂对分”的实施环节中,教师讲授是对分模式的首要环节,以教师的精讲为主,此课堂讲授环节中的教学行为参考点数如图8-8、图8-9所示。

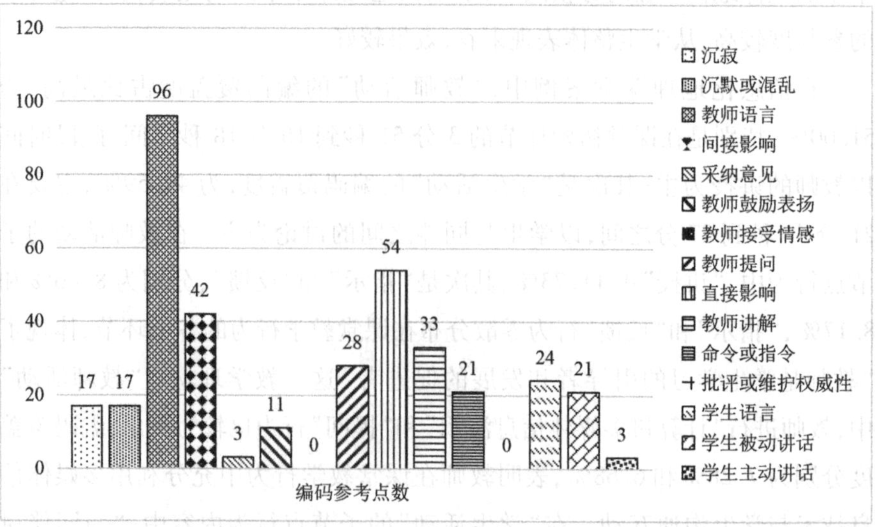

图8-8 传统地理实录课堂讲授环节教学行为参考点数

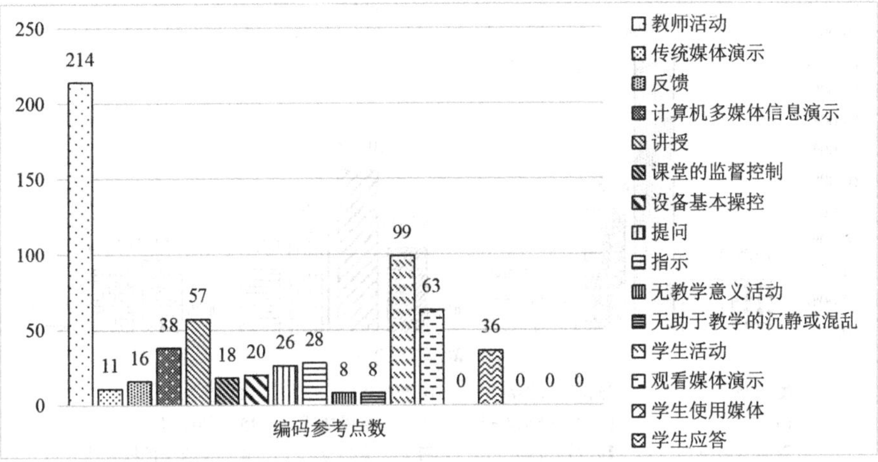

图 8-9　信息化地理实录课堂讲授环节教学行为参考点数

从传统地理实录课堂讲授环节的教学行为参考点数来看,“教师语言”高达 96 次,在“教师语言”行为中,以教师“直接影响”为主,其中“教师讲解”最高,为 33 次,其次是“命令或指令”,为 21 次;在教师“间接影响”中,以“教师提问为主”,为 28 次,其次是“教师鼓励表扬”,为 11 次;在“教师语言”行为中,“教师接受情感”与“批评或维护权威性”的教学行为皆为 0 次。从学生方面来看,“学生语言”行为中,以“学生被动讲话”为主,次数为 21 次,“学生主动讲话”次数较少,仅 3 次。

从信息化地理实录课堂讲授环节的教学行为参考点数来看,“教师活动”参考点数最多,达到 214 次,在“教师活动”行为中,以“讲授”和“计算机多媒体信息演示”为主,分别为 57 次和 38 次;其次是“指示”,为 28 次,“提问”,为 26 次;较少的教师活动行为是“反馈”,为 16 次和“传统媒体演示”,为 11 次。从学生活动行为来看,“学生活动”行为共 99 次,其中以“观看媒体演示”为主,为 63 次;其次是“学生应答”行为 36 次;在学生活动的子节点行为内容中,“主动提问”“学生使用媒体”“与同伴讨论”“做练习”行为并未在讲授环节中体现。

两类教学行为覆盖率统计结果如图 8-10、图 8-11 所示。

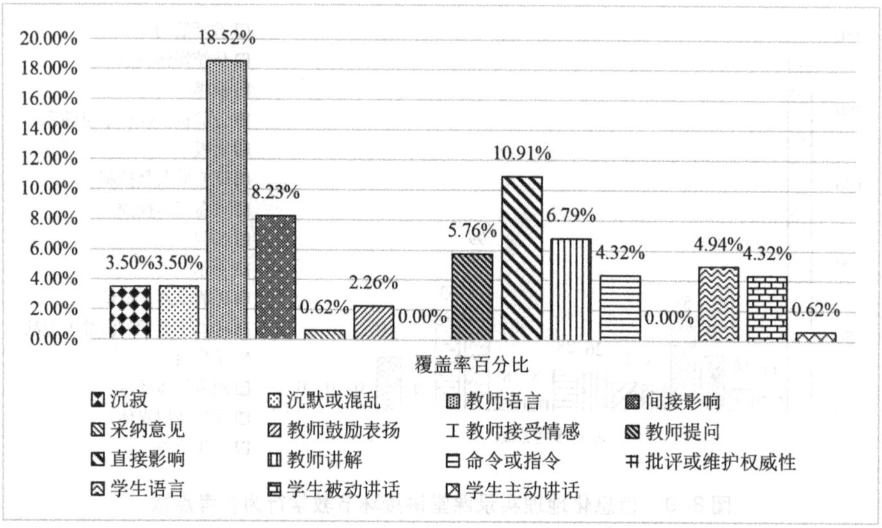

图 8-10 传统课堂讲授环节教学行为覆盖率

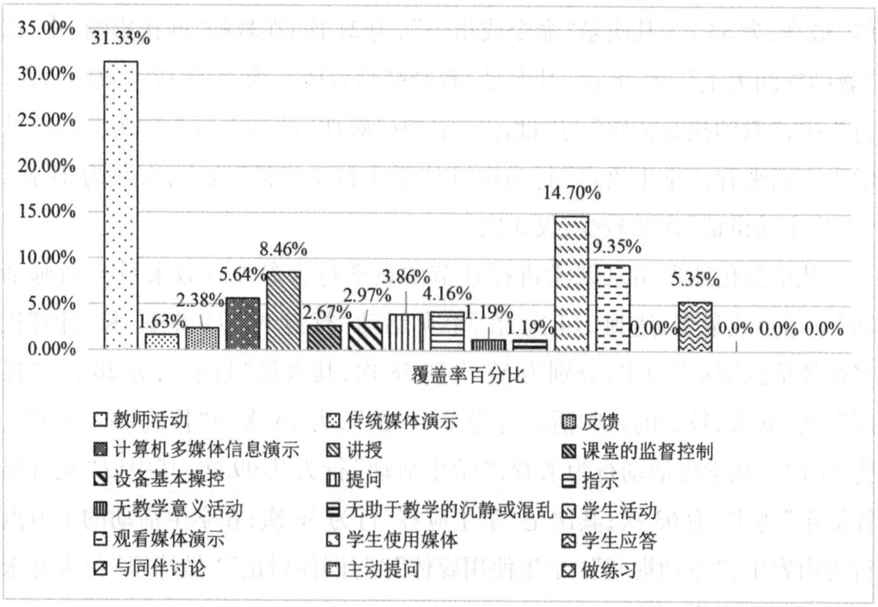

图 8-11 信息化课堂讲授环节教学行为覆盖率

从传统地理实录课堂讲授环节的教学行为覆盖率来看,讲授环节的教学行为覆盖率最高的是“教师语言”,为18.52%,“学生语言”仅为4.94%;其中主要以“教师讲解”为主,占6.79%;其次是“教师提问”,为5.76%;“学生被动讲话”和教师直接影响的“命令或指令”覆盖率同为4.32%;教学行为覆盖率较低的为“沉默或混乱”,为3.50%,“教师鼓励表扬”为2.26%,“采纳意见”与“学生主动讲话”最低,均为0.62%。从信息化地理实录课堂讲授环节的教学行为覆盖率来看,教学行为覆盖率占比最高的“教师活动”为31.33%,其次是“学生活动”行为,为14.7%;在“教师活动”的子节点行为内容中,以教师“讲授”为主,占8.46%;其次是“计算机多媒体信息演示”,为5.64%,“指示”占4.16%,“提问”占3.86%;在学生活动的子节点行为内容中,以“观看媒体演示”和“学生应答”为主,分别为9.35%和5.35%。

通过对对分课堂模式的讲授环节教学行为参考点数及教学行为覆盖率的分析可以发现,在对分课堂教学模式下,对分模式初始讲授环节中两个实录课堂的中学地理课堂教学行为有以下特点:

(1)讲授环节以教师讲授、提问等教学行为为主,但沉默或混乱会影响语言行为的有效性。

从不同教学环境的两个课堂来看,课堂教学行为出现次数和覆盖率占比较多的语言行为都有“教师讲解”“教师提问”行为。在教学行为参考点数中,“命令或指令”行为也较为突出,这与大多数讲授型地理课堂教学行为的观察结果一致,教师承担了讲授环节的知识输出部分。其中,在地理教师进行知识点的讲解过程中非常注重“教师提问”“命令或指令”等教学行为,表明在讲授环节,地理教师有意识地与学生进行互动,关注在讲授过程中学生地理知识点的学习,贯穿“以学生为中心”的教学理念。但是,无论是教学行为参考点数,还是课堂讲授环节教学行为覆盖率,“沉默或混乱”“无教学意义的活动”所占比例仅次于教师和学生语言行为,说明在教师精讲重难点的过程中,学生会出现保持沉寂或者扰乱课堂秩序的情况,这需要教师具备良好的调控课堂的能力。其他的教学行为如“教师鼓励表扬”“采纳意见”等均是地理教师在课堂上为顺利完成讲授行为而进行的与学生的言语互动行为。

(2)教师运用多种信息技术辅助教学,有利于提高学生在讲授环节的参与度和学习效果。

从不同教学环境的两个课堂来看,在传统课堂的讲授环节教师的行为主要是对课堂的调控、知识的讲授、提问等,如果教师不具备良好的课堂调控能力,可能会出现扰乱课堂秩序的现象,比如在教师讲授的过程中难免会出现个别学生引起的混乱或学生沉寂走神的现象。在信息化环境下,教师利用信息技术手段吸引学生的注意力,教师的"多媒体信息演示"和学生的"观看媒体演示"行为都表明,在信息化环境下教师充分利用信息化手段,在讲授过程中利用信息化手段更直观、形象地呈现讲授内容,吸引学生的注意力,提高学生参与度,有效防止了学生在课堂上的无意义行为。在"教师活动"行为中,"传统媒体演示"方式呈现教学信息的行为明显减少,教师更多地采取信息化方式吸引学生,比如可利用媒体展示地理图片、地理景观、地理过程等,还可以通过地学技术手段让学生参与制图、漫游、可视化等操作,进而提高学生的地理素养和技术操作能力。

8.6.2 基于对分课堂模式的内化吸收环节分析

对分课堂教学模式下的内化吸收环节,是学生进行知识吸收的一个关键环节。此课堂讲授环节中的教学行为参考点数如图 8-12、图 8-13 所示。

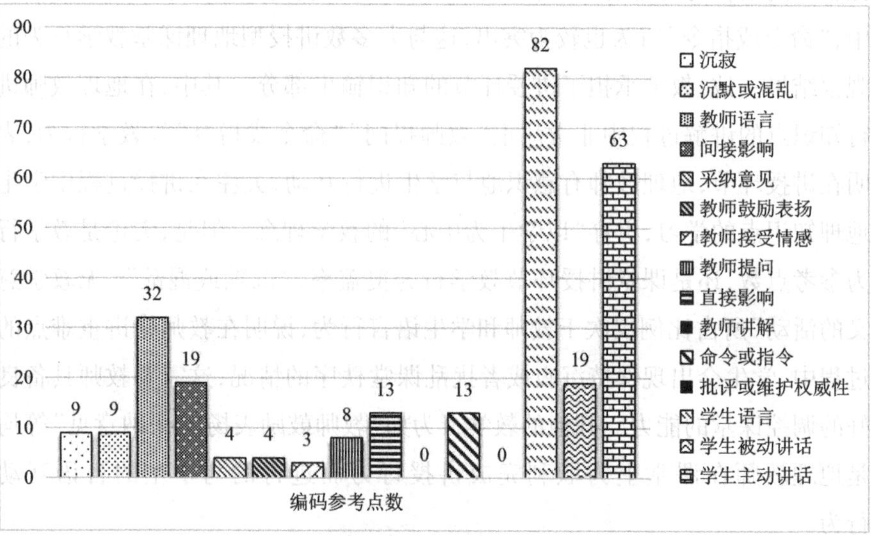

图 8-12　传统课堂内化吸收环节教学行为参考点数

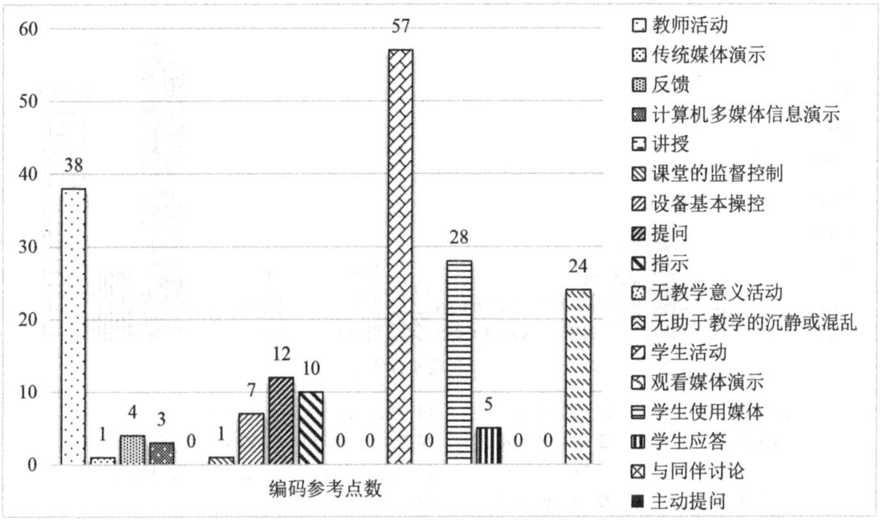

图 8-13　信息化课堂内化吸收环节教学行为参考点数

就传统地理课堂来说，参考点数最多的是“学生语言”行为，为 82 次，“学生语言”的子节点行为中，“学生主动讲话”参考点数最多，为 63 次；其次是“学生被动讲话”行为，为 19 次。“教师语言”行为的参考点数共 32 次，其中“命令或指令”行为 13 次、“沉寂”行为 9 次、“教师提问”行为 8 次；较少的教学行为参考点为“教师鼓励表扬”4 次、“采纳意见”4 次、“教师接受情感”3 次。就信息化课堂来说，“学生活动”行为的参考点数最多，为 57 次，“学生活动”的子节点行为内容中，以“学生使用媒体”行为为主，参考点数为 28 次；其次是学生“做练习”，为 24 次。“教师活动”行为共 38 次，其中以教师的“提问”和“指示”行为为主，分别是 12 次和 10 次。

两类课堂教学行为覆盖率统计结果分别如图 8-14、图 8-15 所示。

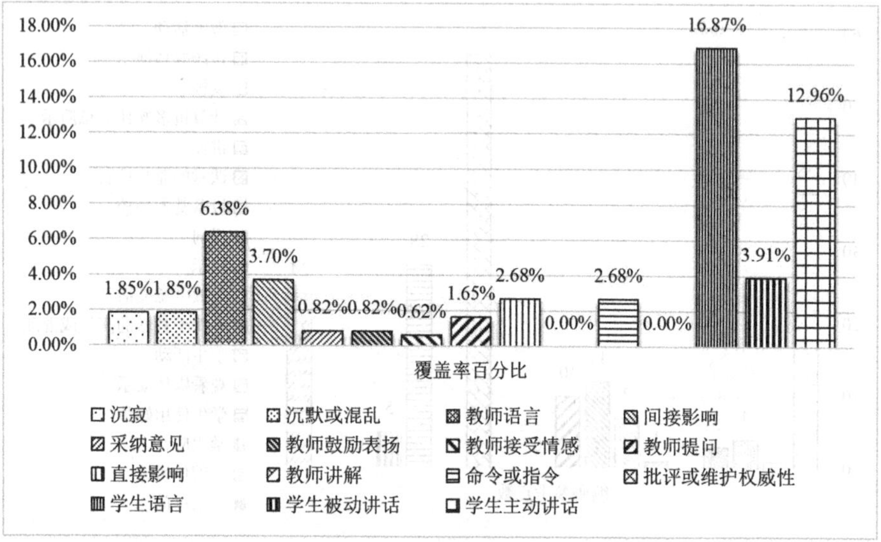

图 8-14　传统课堂内化吸收环节教学行为覆盖率

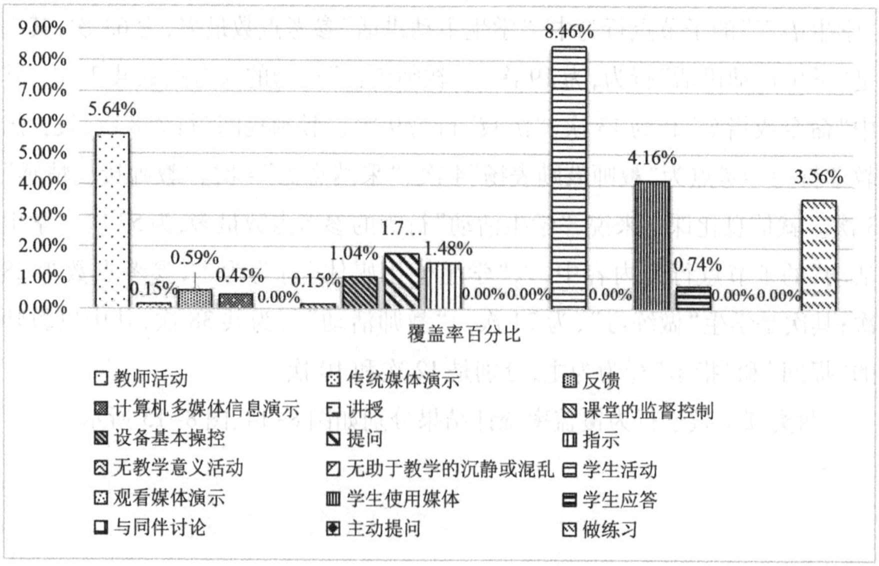

图 8-15　信息化课堂内化吸收环节教学行为覆盖率

在传统教学环境下，学生行为覆盖率最高的是“学生语言”行为，为

16.87%，其中，“学生主动讲话”为12.96%、“学生被动讲话”为3.91%。“教师语言”行为覆盖率为6.38%，其中以教师“间接影响”为主，为3.70%；教师“直接影响”以“命令或指令”为主，为2.68%；覆盖率较少的课堂行为是“教师接受情感”，为0.62%。在信息化教学环境下，“学生活动”行为的覆盖率最高，为8.46%，其中“学生使用媒体”和“做练习”分别占4.16%和3.56%。“教师活动”占5.64%，以“提问”和“指示”为主，教师“讲授”、学生“与同伴讨论”“主动提问”等行为在此环节并无体现。

通过对内化吸收环节教学行为的分析，可以发现在对分模式内化吸收环节中，两个实录课堂的中学地理课堂教学行为有以下特点：

(1)教师以引导督促为主，学生多体现“亮考帮”准备行为，能够内省质疑、独立自学。

在两类地理课堂中，“学生语言”和“学生活动”行为出现的参考点数和覆盖率皆占比较高，并且以“学生使用媒体”和“做练习”为主，说明学生在内化吸收环节的认知行为倾向于主动吸收内化。再结合实际课堂观察可知，在内化吸收环节中，学生根据自己的学习习惯和兴趣，按照适合自己的方式进行个性化的内化吸收，并独立完成教师布置的作业。在师生之间进行言语互动的过程中，教师的“直接影响”和“间接影响”行为出现次数和覆盖率都较少，说明在内化吸收环节，教师作用并不明显，主要居于辅助地位。从实际的地理课堂观察可知，两节地理课堂教师主要通过“亮考帮”督促和监测学生的学习，学生在完成常规作业后，将学习内容和存在的问题进行总结，为接下来的讨论环节做铺垫，促进学生进行知识的内化和理解。在两节课堂中，教师“讲授”“教师讲解”行为都未出现，“批评或维护权威性”及“无教学意义活动”行为也未出现，表明在内化吸收环节课堂秩序较好，教师未明显参与，学生能够独立自学。

(2)技术使用利于学生知识内化吸收，但会造成学生注意力的分散。

在信息化地理教学环境下，“学生活动”行为中以“学生使用媒体”为主，表明学生能够充分利用已有的信息技术资源，主动运用多媒体查阅资料，思考并完成教师布置的任务，信息化手段帮助学生从多方面收集信息资料，深入理解教师讲授的内容。相较于传统地理课堂中学生查阅课本和书籍资料的方式，运用多媒体查阅资料更有利于扩大学生信息来源渠道，扩大学生的知识面,而不再局限于课本的书面知识。教师的“课堂的监督控制”行为在信息化环境下也有所体现,利用信息化技术收集查阅资料,可以极大提升学生的学习兴趣,但面对自控能力弱的学生,在内化吸收环节可能出现注意力涣散,因此在学生查阅资料、完成作业的环节中,教师要对学生的活动和行为进行监督。内化吸收环节是学生独立自学、独立完成任务的学习环节,不能与同伴和教师进行过多的行为互动,这需要教师在课堂中注意监督学生信息技术的使用,监控学生作业完成情况,尽可能避免学生因技术使用而分散注意力的情况出现。

8.6.3 基于对分课堂模式的讨论环节分析

对分课堂教学模式下的讨论环节,是生生、师生之间互动交流的一个环节。此环节中的教学行为参考点数分别如图8-16、图8-17所示。

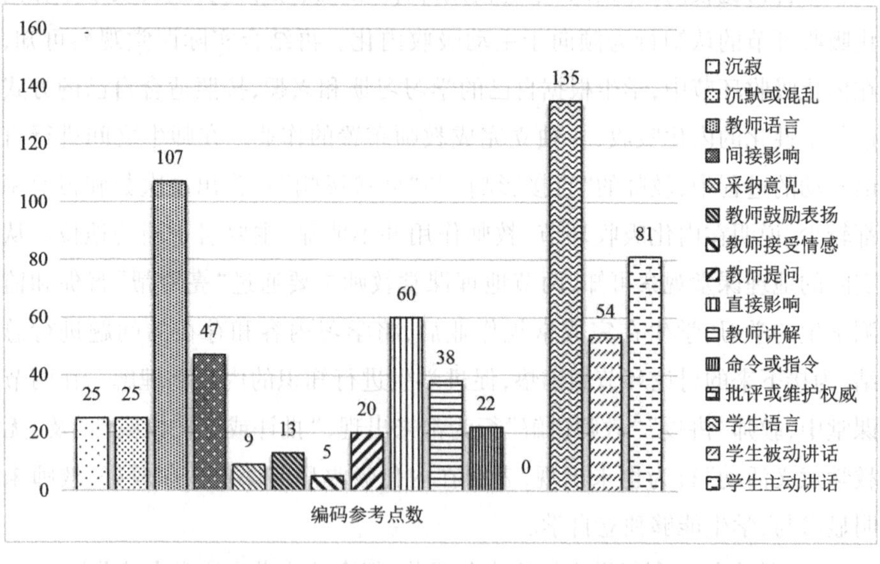

图8-16 传统课堂讨论环节教学行为参考点数

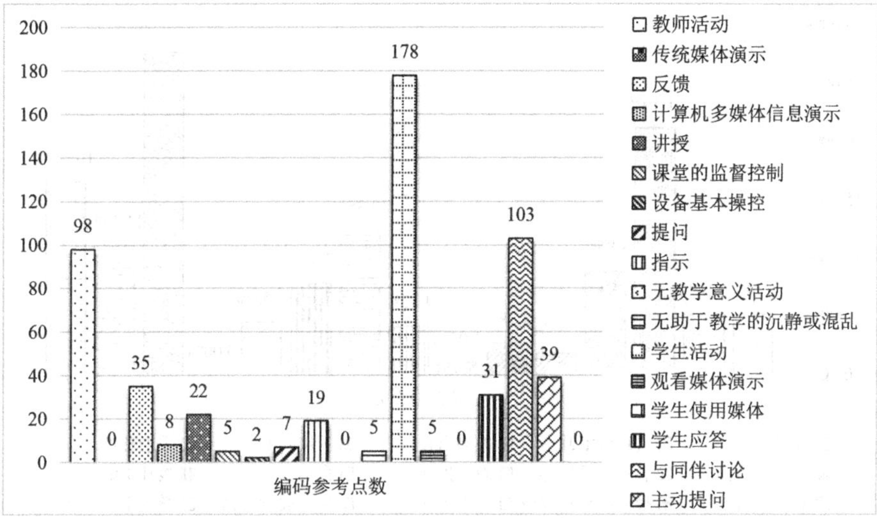

图 8-17　信息化课堂讨论环节教学行为参考点数

从两节地理实录课堂讨论环节的教学行为参考点数来看，传统课堂教学行为参考点数最多的教学行为是“学生语言”，为 135 次；其次是“教师语言”，为 107 次。在“学生语言”子节点中，以“学生主动讲话”为主，为 81 次，“学生被动讲话”次之，为 54 次；在“教师语言”子节点中，“教师讲解”为 38 次，“命令指令”为 22 次，“教师提问”为 20 次；教师行为参考点数较少的教学行为是“采纳意见”（9 次）和“教师接受情感”（5 次）。在信息化教学环境下，“学生活动”行为的参考点数最多，为 178 次；其中“与同伴讨论”行为参考点数最多，共 103 次，学生“主动提问”行为次之，共 39 次；最少的学生行为是“学生应答”，为 31 次。教师行为中“教师活动”行为共 98 次，其中以教师的“反馈”行为为主，为 35 次，教师“提问”和“指示”行为次之；“学生使用媒体”“做练习”和“传统媒体演示”行为在此环节未体现。

讨论环节的教学行为覆盖率统计结果分别如图 8-18、图 8-19 所示。

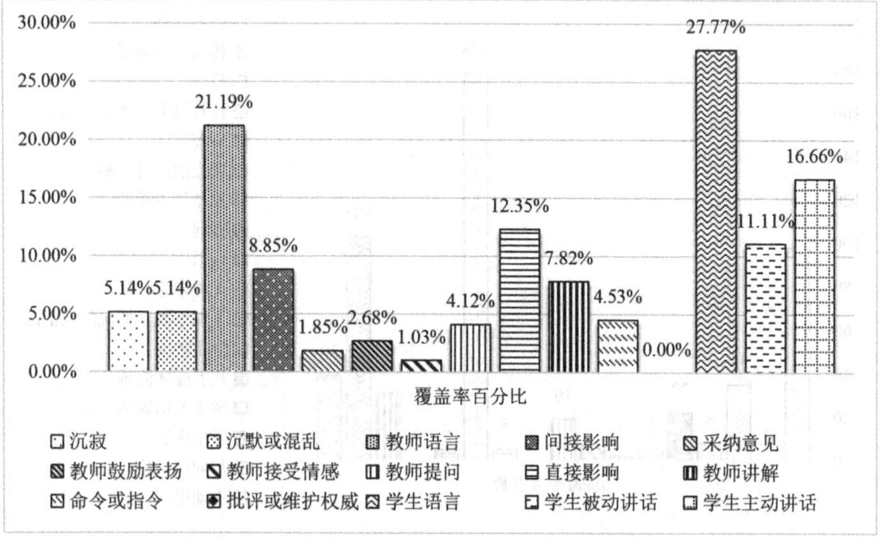

图 8-18　传统课堂讨论环节教学行为覆盖率

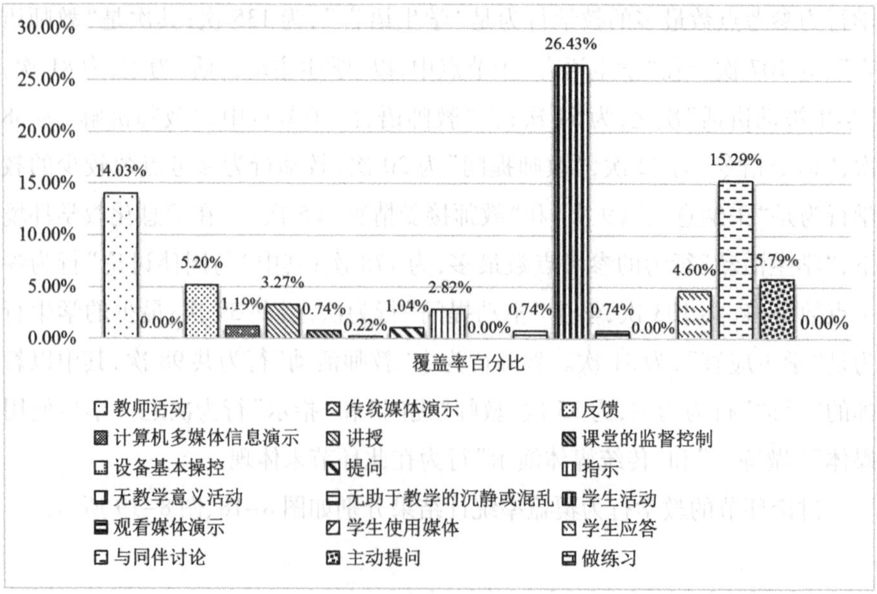

图 8-19　信息化课堂讨论环节教学行为覆盖率

在传统教学环境下,“学生语言”行为的覆盖率最高,为27.77%;其次是“教师语言”行为,为21.19%;“学生语言”行为中“学生主动讲话”最高,为16.66%,“学生被动讲话”次之,为11.11%;“教师语言”行为以“直接影响”为主为12.35%,“教师讲解”为7.82%,“命令或指令”为4.53%;教师“间接影响”行为占8.85%;“沉寂”行为覆盖率仅占5.41%。信息化环境下,教学行为覆盖率最高的是“学生活动”行为,占26.43%。其中,学生“与同伴讨论”行为的覆盖率最高,为15.29%;学生“主动提问”行为次之,为5.79%。在教师行为中,“教师活动”行为覆盖率共占14.03%。其中以教师“反馈”行为为主,为5.20%;其次是教师“讲授”和“指示”行为,分别为3.27%和2.82%。

通过对覆盖率的分析,可以发现在对分模式讨论环节中,两个实录课堂的教学行为有以下特点:

(1)学生讨论积极性高,教师可随时参与讨论,师生、生生互动频率高,团队意识较强。

从不同教学环境的两个地理课堂来看,课堂教学行为出现次数和覆盖率占比较多的是“学生语言”和“学生活动”行为,参考点数和覆盖率较多表明学生行为是讨论环节的主要课堂行为。其中,“学生语言”行为中以“学生主动讲话”和“与同伴讨论”为主,这表明在对分模式的讨论环节中,学生注重与小组内成员的交流,学生之间的互动行为较频繁,学生进行的讨论是有准备的讨论,课堂讨论的质量、课堂的氛围显著改善。在两节地理课堂中,教师行为以直接影响为主,包括“讲解”“反馈”“指示”等行为,教师行为的覆盖率占比分别21.19%、14.03%,次于学生的主体行为。结合实际地理课堂观察可知,地理教师在课堂讨论环节中也参与到讨论中,教师行为的参考点数仅次于学生行为,主要表现在教师邀请学生自由发言,对学生提出的疑难问题予以解答,并且在课堂最后为学生讨论的结论做简单的总结,将学生容易遗漏、需要进一步深化的知识进行讲解提升。整体上,在讨论环节中,课堂融入了小组讨论、教师抽查提问和教师总结等教学行为,教师可以随时参与到班级讨论中去,师生、生生互动程度高,学生有较强的团队意识。

(2)讨论过程中教师有使用技术进行互动的行为,但低效互动会造成时间浪费。

在讨论环节中,教师可随时参与到讨论环节中去,教师充分融入学生中,想方设法解决学生抛出的问题,与学生进行充分的沟通交流。在信息化地理教学环境中,存在明显的教师利用“计算机多媒体信息演示”的行为,学生也存在“观看媒体演示”的行为,并且在讨论过程中,教师存在“设备基本操控”的行为。结合实际地理课堂观察可知,在讨论环节中,全班或小组提出尚未解决的知识性问题之后,教师会对问题进行解答,在教师的解答过程中,教师会倾向于使用多媒体信息技术进行辅助演示,促进学生对问题的理解和掌握。同时,在教师运用多媒体进行信息演示的过程中,多媒体设备功能的测试和调控以及一些多媒体演示前的准备行为,会造成课堂讨论环节的时间浪费。另外,在讨论环节中出现的“课堂的监督控制”“寂静”等低效互动行为,也会带来时间上的浪费,如教师对学生讨论行为和活动进行监督、对学生不良行为进行提醒控制、教师等待小组分享成果、请学生陈述问题等行为。这要求教师要做好组织和引导,减少因低效互动行为造成的时间浪费。

8.7 结论与展望

8.7.1 研究结论

在对分课堂教学模式的快速推广和应用过程中,对中学地理课堂教学行为进行研究,选取中学地理课堂教学行为的实录视频进行观察和分析,运用案例研究法和视频分析法,并使用质性分析软件 NVivo12 对视频进行分析。得出如下主要结论:

(1)讲授环节以教师讲授、提问等教学行为为主,多种信息技术的应用提高了学生的参与度和学习成效

在两个地理课堂视频案例中,讲授环节的教师行为主要是“教师语言”行为,教师不对知识进行全覆盖、无差别讲解,而是只对重难点进行精讲。

在课堂讲授环节中,教师充分利用信息化手段,不仅更好地呈现了讲授内容,还提高了学生的兴趣和参与度。

(2)内化吸收环节教师以引导、督促为主,技术使用利于学生对知识的内化吸收

在两类地理课堂中,此环节"学生语言""学生活动"行为出现较多,学生自主学习能力得到了锻炼和提高。教师行为不多,主要居于引导和辅助地位,通过"亮考帮"督促和监测学生的学习,促进学生对知识进行内化吸收。

在信息化地理教学环境下,学生能够充分利用已有的信息技术资源思考并完成教师布置的任务,信息化的手段能够帮助学生从多方面收集信息资料,深入理解教师讲授的内容。但过多运用信息技术可能会使部分学生注意力分散,在学生查阅资料、完成作业的环节中,教师需要对学生的活动和行为进行监督。

(3)在讨论环节,学生积极性高,讨论过程中教师有使用技术进行互动的行为

从不同教学环境的两类地理课堂来看,在讨论环节中,学生注重与小组内成员的团队交流,学生之间的互动行为较频繁,有准备的讨论使课堂讨论的质量得以提高,讨论氛围也显著提升。在两类地理课堂中,教师行为均以"直接影响"为主,主要包括教师抽查提问和教师总结等教学行为,教师可随时参与讨论,师生、生生之间的互动程度较高。

在讨论环节,教师存在运用多媒体进行信息演示行为,多媒体设备功能的测试和调控以及一些多媒体演示前的准备行为会在一定程度上造成课堂讨论环节时间的浪费。另外,在讨论环节中出现的"课堂的监督控制""寂静"等低效互动行为也会带来时间上的浪费,这要求教师要做好组织和引导工作,尽可能减少低效互动行为造成的时间浪费。

8.7.2 研究建议

(1)在讲授环节要提高"教师语言"行为的有效性,增加师生互动方式

在中学地理课堂中使用对分课堂教学模式,对地理教师的教学水平要求很高,教学水平直接影响到讲授环节"教师语言"行为的有效性。教师要有意识地将学生带入知识结构的建构中,提前对不同的班级做出不同的备课方案,对学生能力和知识储备做出判断,才能在课堂上做到恰当的"精讲留白"和学生的积极反馈。通过对地理课例的研究,师生在讲授环节有明显

的“高频率浅层次”行为，教师在讲授环节的语言行为丰富，学生行为多为学生应答行为，但学生应答多是回答“是与否”“行不行”的低级思维活动，教师多采用简单的“回忆提问”，看似课堂氛围活跃，实际上学生的“主动提问”“学生主动讲话”行为较少，少有学生经过深度思维后的回答，师生互动形式较简单，因此应提高互动效率，丰富师生互动行为方式。

(2)内化吸收部分要合理确定作业任务，提升教师的“课堂监控”和“指示”行为

对分模式的内化吸收环节是学生对教师预留问题独立思考、独立完成作业、加深自己对知识理解的过程，也是学生主动对知识进行个性化内化吸收的过程。教师在内化吸收环节预留的作业任务，不仅要注重对知识能力的考查，还要注意对知识的启发和创造能力的培养。教师要合理确定作业任务和预留问题，学生方能根据具体任务清单有序进行自主学习。在学生自主学习过程中，虽然教师不能进行过多干预和介入，但是教师在学生内化环节对课堂的“监督和控制”以及“指示”行为应该有所增加，为学生营造良好的课堂氛围和环境，避免出现“无教学意义活动”行为。

(3)讨论环节中教师要明确自身定位，确保讨论主题有效，增加信息化环境下教师、学生、技术之间的互动行为

在课堂的讨论环节中，学生是在知识内化吸收之后，进而参与到讨论环节中去的。在此环节，大多数学生能够认真讨论、分享，但对于部分自控能力较差的学生来说，讨论环节也为学生提供了课堂“走神”“聊天”等机会，课堂可能会产生“无教学意义的活动”“沉寂”等教学行为，这就需要教师在课堂中具有调控课堂的能力，灵活把握讨论环节，而不是死板地按预定时间讨论。教师要深入到讨论中去，明确自身在讨论环节的作用，与学生进行互动交流，确保讨论主题的有效性。

在本文所研究的课例中，学生都能够高效参与到课堂讨论环节中，但是由于信息技术手段的使用，教师多了一些“技术基本操作”“多媒体信息演示”等设备调控行为，此行为会造成低效的互动，进而导致时间的浪费，并且少有学生使用技术。因此，在讨论环节应该丰富教师与技术、学生与技术之间的互动行为，提高技术互动效能，增加师生之间以技术媒体为中介的互动行为。

8.7.3 研究不足

(1)所选取的课堂实录视频案例较少,结果可能不具有普遍性

本研究以中学地理课堂教学行为作为研究对象,并选取国家教育资源平台“一师一优课”的部级优课视频和平顶山市第七中学八年级的地理课堂实录课视频,分别为一般化的传统地理课堂和现代信息技术环境下的课堂教学案例视频,选取的样本数量较少,如果能在对分课堂教学模式下选取大量中学地理课堂教学案例视频,会使对分模式下的中学地理课堂教学行为研究更具有代表性和普遍性。

(2)仅使用质性分析软件 NVivo12 的部分分析功能,其他功能有待挖掘

本文对案例视频内容进行编码后,根据研究的需要,仅使用 NVivo12 质性分析软件中的部分分析功能,对视频进行处理及可视化分析。其中,软件中对文本、图片等的分析功能并未使用,对 NVivo12 软件中很多强大的质性分析功能还有待进一步挖掘。

(3)教学行为编码量表有待进一步细化

本文研究采用 FIAS 互动分析系统和 TBAS 教学行为分析系统为导入的视频编码,能够真实客观地反应中学地理课堂教学行为的真实情况,对导入的视频进行量化分析,并结合实录地理课堂进行定性分析。定性分析可能会存在主观因素的影响,并且在真实地理课堂中,所选取的教学行为编码量表也可能会存在一定的局限性,教师和学生的某些行为可能不能简单地归于某种行为,一些教学行为需要通过主观分析进行编码分类,编码量表需要进一步优化、细化。

8.7.4 研究展望

(1)提高研究所需的案例样本数量,从而增加研究信度和效度

随着对分课堂教学模式的推广和应用,其逐渐走进了中学地理课堂,在这一新型教学模式下,对中学地理课堂教学行为的研究必不可少。因此,应在中学地理课堂中将该模式继续扩大推广应用,提高研究所需的案例样本数量,从而增加研究的信度和效度,使研究具有普遍性,进而帮助更多地理教师进行反思提升,获得实践性知识。

(2)挖掘 NVivo12 软件中的更多功能进行辅助研究

NVivo12 软件的功能强大,本文采用 NVivo12 软件中对视频进行切片分析的部分功能,对于文本处理、图片分析和调查问卷等的处理功能有待进一步挖掘。

(3)进一步优化地理课堂教学行为编码量表

由于学科性质的不同,不同学科的教学行为存在着或大或小的差异。地理学由于具有地域性、时空性、综合性和实践性的特点,使地理学科在中学课堂的教学行为有其自身的特性和规律,课堂教学行为观察量表应能反映这种行为特性,但是目前尚未构建出一套可以反映地理课堂教学特征的指标体系,本文所用的量表同样也可以用在其他课程的教学行为评价中。

参考文献

[1]宋其华.信息技术教学环境下教师教学行为变化的特征与策略浅析[J].电化教育研究,2006(08):25-28.

[2]盖立春,郑长龙.美国教学行为研究的发展历史与范式更迭[J].外国教育研究,2009,36(05):33-37.

[3]程云.基于视频的课堂教学行为分析方法研究[D].武汉:华中师范大学,2018.

[4]张建琼.国内外课堂教学行为研究之比较[J].外国教育研究,2005(03):40-43.

[5]穆肃,左萍萍.信息化教学环境下课堂教学行为分析方法的研究[J].电化教育研究,2015,36(09):62-69.

[6]GABDULCHAKOV V. F. ,BASHINOVA S. N. ,YASHINA O. V. ,et al. Integrative Mechanisms for Increasing Efficiency of Educational and Methodological Interaction between Teacher and Student[J]. Integration of Education,2018,22(2).

[7]HAN MI RA, KIM GWANG SU. The Effect of Teacher Efficacy on Teacher Creativity of Early Childhood Teachers: Mediating Effect of Resilience[J]. Korean Association For Learner-Centered Curriculum And

Instruction,2019,19(4).

[8] ANNA M. SEMANKO, JARED L. LADBURY. Using the Reasoned Action Approach to Predict Active Teaching Behaviors in College STEM Courses[J]. Journal for STEM Education Research,2020(prepublish).

[9]GONZáLEZ-PEñO ALBA,FRANCO EVELIA,COTERóN JAVIER. Do Observed Teaching Behaviors Relate to Students' Engagement in Physical Education? [J]. International Journal of Environmental Research and Public Health,2021,18(5).

[10]杜国鑫. 高中地理教师课堂教学行为切片诊断案例研究[D]. 贵阳:贵州师范大学,2020.

[11]魏宏聚. 教师教学行为研究的几个维度与评析[J]. 河南大学学报(社会科学版),2009,49(05):126-130.

[12]汪小红.《教学理论:课堂教学的原理、策略与研究》对课堂教学的启示[J]. 吉林省教育学院学报(上旬),2015,31(04):97-98.

[13]唐松林. 国外教师教学行为有效性研究综述[J]. 大学教育科学,2007(04):72-76.

[14]付云霄. 基于微课的初中化学对分课堂教学模式的探索[D]. 山东师范大学,2022.

[15]沈凯凯,陈少丽,杨振霖等. 对分课堂在留学生方剂学课堂中的运用研究[J]. 中医药管理杂志,2019,27(08):15-18.

[16]杜艳飞,张学新. "对分课堂":高校课堂教学模式改革实践与思考[J]. 继续教育研究,2016(03):116-118.

[17]赵婉莉,张学新. 对分课堂:促进深度学习的本土新型教学模式[J]. 教育理论与实践,2018,38(20):47-49.

[18]金兰. 实践合理性观照下的对分课堂教学模式实施研究[J]. 东北师大学报(哲学社会科学版),2018(04):223-227.

[19]陈慧娟,黄天锦. 高中地理"对分课堂"的实践[J]. 中学地理教学参考,2016(24):30.

[20]王世革,叶长青,吴陈瑶等. 分析化学实验对分课堂教学模式的探讨[J]. 化学教育(中英文),2017,38(24):17-21.

[21]姚堃,廖元锡."对分课堂"在高中物理教学中的应用[J].中学物理教学参考,2017,46(14):5-6.

[22]张春霞.基于自媒体平台的"微课+对分课堂"调查研究[J].中国成人教育,2017(05):55-58.

[23]高玉垒.基于BYOD的高职英语混合式对分课堂实践与效果研究[J].中国职业技术教育,2019(14):32-37.

第 9 章 基于具身学习理论的研学旅行课程开发研究

本研究以平顶山市“白龟湖国家湿地公园研学旅行”为例，在具身学习理论指导下，首先结合研学旅行线路规划的典型性、地域性、安全性等原则，利用图新地球软件设计研学旅行线路，并阐述如何为研学旅行做准备；其次对白龟湖国家湿地公园的自然资源进行整理、分类，分别从具身环境、学习方法、具身设计意图等方面设置了 5 天的研学旅行课程内容；最后从自我评价、教师评价、组内互评和组间互评四个方面对研学效果进行评价。本研究对如何通过研学旅行提高中学生地理核心素养提供了新思路。

9.1 研究背景

2016 年教育部联合多个部门共同推出了《关于推进中小学生研学旅行的意见》(以下简称《意见》)。《意见》中提出研学旅行被视为一门综合实践活动课程，应纳入中小学教育教学计划当中。当下，研学旅行作为一种重要的教育教学方式，已经成为中小学人才培养的重要手段之一，也是实现中小学教育教学目标的重要途径之一。研学旅行非常重视学生在教学活动过程中身心的参与，这与具身学习理论的要求相一致。具身学习理论最初由 Varela 等人于 1991 年在《具身心智：认知科学与人类经验》一书中提出，认为人的思想与自身的身体、语言和社会环境是分不开的[1]。具身学习活动是指在现代具身学习理论指导下，处于各种社会实践活动中的学习主体自身和周围环境相互影响、相互作用，把身心融入到真实环境中去，通过身体产生心理和情感变化，并进行反思，将反思结果进一步反作用于外界环境，形成的一种螺旋上升式的新型学习方式[2]，是一种“学习中行动—行动中反思—反思中实践—实践中建构”的螺旋式上升过程[3]。在具身学习理论指导下，研学旅行是一项实践性很强的综合性活动，把探究性学习和身心体验相结合，让学生通过在现实环境中的体验、感悟和反思而获得相关理论知识和实践经验，这对培养学生的地理认知能力、学以致用能力和创新能力等具有重要意义。

本研究以平顶山市“白龟湖国家湿地公园研学旅行”为例，进行基于具身学习理论的研学旅行课程开发研究，主要内容如下：研学旅行线路设计、研学准备、课程内容设计和课程评价设计，以期为如何在具身理论指导下开展研学旅行提供借鉴和参考。

9.2 研学旅行线路设计

白龟湖国家湿地公园位于平顶山市白龟山水库北侧，公园内不仅拥有多种别具一格的人工建筑、赏心悦目的自然景观、丰富珍贵的物种资源、健康的生态系统，还包括底蕴厚重的历史文化资源。

基于典型性、地域性、安全性和经济性等原则，本研究利用图新地球软件绘制了白龟湖国家湿地公园研学旅行线路图（图 9-1），该线路在设计时着重从以下几个方面考虑：

（1）研学旅行线路的选取充分考虑白龟湖国家湿地公园的生态环境是否能承载相应的研学旅行活动，分析其是否符合研学旅行目的地选择要求。对白龟湖湿地公园自然景观和人文景观进行实地考察，对景观资源进行整理分类，选取符合研学旅行内容的研学点，利用“两步走”APP 实地考察模拟路线，结合图新地球软件绘制路线图。

（2）研学旅行线路在规划设计时，主要基于乡土地理资源，凸显景观地域特色。白龟湖国家湿地公园研学目标主要包括暖温带—亚热带过渡区、低山丘陵区的自然地理和人文地理知识两部分，因此其线路的设计始终围绕这两点。线路中人文地理景观包括平顶山学院校史馆、市民广场、博物馆和好人园等；自然地理内容包括区域土壤、植被、水文、地质地貌等。

（3）在设计研学旅行线路时，充分考虑了研学活动中潜在的安全隐患以及有可能发生的危险事故，制定应急方案，保障研学旅行活动人员安全。

(4)在保证研学旅行学习效果的前提下，线路设计要充分考虑每个研学点的具体位置、分布和研学点之间的距离，尽量选取较为集中的研学点，以点串线，节约研学旅行时间与成本，提高研学旅行效率。

图 9-1　“白龟湖国家湿地公园”研学旅行线路

注：1 为平顶山学院校史馆研学点；2 为市政府对面湖岸水域研学点；3 为白龟石研学点；4 为市民广场研学点；5 为平安石研学点；6 为博物馆研学点；7 为月季湖研学点；8 为风铃广场研学点；9 为双亭研学点；10 为鹭栖湾广场研学点；11 为好人园研学点；12 为木栈道研学点。

9.3　研学旅行准备

(1)根据环境的嵌入性分析具身环境，从而为本次研学旅行选择合适的研学地点。具身环境包括社会文化环境、物理环境和资源支持环境[22]。其中社会文化环境主要包括学生思考问题的方式方法、对学习的热情与兴趣、合作学习能力等。物理环境主要指通过收集资料和实地考察分析研学点的环境类型，分析研学旅行活动的可实施性。资源支持环境主要指学习工具、学习资料等，地图、水质检测仪、水位测量仪、纸笔、学生自主搜集的资料是研学活动中的重要资源。

（2）根据认知的情境性拟定主题，设计研学目标。本研究以白龟湖国家湿地公园为主题，围绕白龟湖沿岸就近设计研学点，以过渡区自然地理和人文地理知识的学习、探究为主要目标，在具身理论指导下考察白龟湖国家湿地公园的生物资源、气候、土壤、地质地貌、水文、植被等自然地理要素，以及人文景观，以期通过研学旅行使学生近距离接触真实的地理环境，调动多重感官，获得现场体验，培养地理思维、提高解决现实问题的地理技能。

（3）根据认知的涉身性对学生的身心状态进行调节，从而开展研学动员。首先，要组织学生召开研学旅行的主题班会，会上要向家长和学生详细介绍本次研学旅行的内容和目的；确定参与研学旅行的学生人数，学生在家长的陪同下填写相关的安全责任协议书，并向学生讲解活动的评分规则，增强学生在研学旅行过程中的安全意识和纪律意识，确保学生了解研学旅行活动主题和任务。其次，指导老师要根据班级人员的具体情况提前进行分组，然后确定每组的组长与安全队员，团队成员与指导老师讨论并确定研究课题，组长根据研究内容确定小组内的分工，并将组内具体工作分配给小组成员。最后，小组自主搜集白龟湖国家湿地公园的相关资料，做好研学准备工作，准备各类研学用具，如记录工具、水位测量仪和水质检测仪等。准备阶段提前强化身心参与研学活动的意识，让学生掌握身心参与并进行感知体验的方法，并使其认识到研学旅行的重要性，提高学生参与研学旅行的积极性，同时激发学生的学习热情和好奇心，为本次研学旅行活动顺利进行做铺垫。

9.4 研学课程内容设计

本研究通过对白龟湖国家湿地公园实地考察，对其自然地理、人文地理资源进行了整理和分类，根据研学旅行内容设计原则设置了5天的研学旅行内容，具体安排见表9-1。

表9-1　白龟湖国家湿地公园研学旅行课程设计

时间安排	活动地点
第一天	平顶山学院校史馆、市政府对面湖岸水域、双亭
第二天	白龟石、市民广场、平安石
第三天	博物馆
第四天	月季湖、风铃广场
第五天	鹭栖湾广场、好人园、木栈道

(1)第一天研学旅行内容

活动及任务(表9-2):首先在集合地向学生明确本次研学的基本内容与注意事项,然后为各组布置学习任务。老师带领学生参观平顶山学院校史馆,根据资料了解平顶山学院建校历程及其光荣史、奋斗史,学生认真听讲并记录重要信息。参观完校史馆后老师带领学生沿白龟湖向西北方向出发,在市政府对面湖岸水域、双亭两地观察红嘴鸥、白鹭等鸟类,学生小组合作观察其习性并分析其赖以生存的气候特点。

表9-2　第一天研学旅行课程内容设计

研学内容	研学点	具身环境	学习方法	研学目标	具身设计意图
了解平顶山学院校史馆	研学点1	人文社会环境(教育科研场所)	资料分析法、合作探究法	了解平顶山学院校史馆	学生近距离接触,亲身感触学习,获取直观感受
了解鸟类生活习性及生存环境特点	研学点2、9	自然环境(生物资源)	观察法、小组合作法	观察红嘴鸥等鸟类,总结白龟湖湿地公园的鸟类种类,分析其赖以生存的气候特点	引导学生现场体验,让学生身体和心理相互影响,共同参与,提高学生认知水平

(2) 第二天研学旅行内容

活动及任务(表9-3):让学生观察地图并从中找出白龟湖国家湿地公

园位置，小组合作分析其地理位置优越性。学生以小组形式阅读市民广场方石上记载的平顶山市建市以来的人文及历史大事，了解平顶山建市历史。在市民广场正对面的白龟湖景点平安石，老师讲解平安石上“开放包容，务实创新”象征的意义，学习平顶山精神。

表 9-3 第二天研学旅行课程内容设计

研学内容	研学点	具身环境	学习方法	课程目标	具身设计意图
了解白龟湖国家湿地公园地理位置特点	研学点3	自然环境	观察法、分析法	观察白龟湖国家湿地公园的地理位置；根据地理位置分析其优越性	观察地理位置促使学生将所学知识运用到实践中，深化对人地关系的认识
现场了解平顶山市发展历史，分析市民精神	研学点4	人文社会环境（现代建筑）	小组合作探究法	阅读市民广场方石上的文字，了解人文历史大事；分析市民广场象征的人文精神	学生现场了解平顶山市发展历史及现状，调动多种感官，获得在场体验
了解“开放包容，务实创新”象征的平顶山精神	研学点5	人文社会环境	分析法	观察平安石上“开放包容，务实创新”八个大字，了解其象征的平顶山精神	通过近距离接触学习平顶山精神，身体与环境交互，有助于学生在真实环境的互动中践行平顶山精神

（3）第三天研学旅行内容

活动及任务（表 9-4）：学生观察博物馆“导览图”，指导老师带领学生学会通过阅读博物馆“导览图”来获取馆舍、展品的地理位置信息，或者“以学生为中心”在不违背研学主题的情况下选择重点参观的展品，合理规划行程。了解平顶山市历史文化发展脉络、基本内涵及“鹰城”名称的由来，完成研学旅行记录。

表 9-4　第三天研学旅行课程内容设计

研学内容	研学点	研学环境	学习方法	课程目标	具身设计意图
现场观察并了解平顶山市博物馆文物，了解平顶山市发展历史与城市规划	研学点 6	人文社会环境（现代建筑）	小组合作、探究分析法	了解平顶山市历史文化发展脉络、基本内涵及“鹰城”名称由来；了解平顶山城市规划；分析博物馆的文化价值及经济价值	鼓励学生参与真实环境中的实践活动，在实践活动中亲身体验并产生感悟，从而获得相关理论知识和实践经验，并利用真实场景对学生进行研学思政教育

（4）第四天研学旅行

活动及任务（表 9-5）：观察月季湖及研学旅行沿线各点土壤特点，分析白龟湖国家湿地公园土壤类型及地质地貌特点，并完成记录。在风铃广场使用水位测量仪、水质检测仪测量白龟湖湿地公园水位、检测水质并记录，概括白龟湖湿地公园水体的水文特点。

表 9-5　第四天研学旅行课程内容设计

研学内容	研学点	具身环境	学习方法	课程目标	具身设计意图
学习白龟湖国家湿地公园地质地貌特征	研学点 7 及沿线各点	自然环境（土壤、地质地貌）	观察法、探究分析法	学生对沿岸土壤进行观察，老师引导总结土壤分布、特点及成因；学生通过野外观察，分析地质地貌特点	学生近距离接触自然环境，通过观察、触摸，准确掌握土壤基本特征
现场识别白龟湖水文特点	研学点 8	自然环境（水文）	小组合作、动手实践	学生掌握水位、水质测量仪的使用方法，对白龟湖水文进行观测，分析结果，总结水文特点	水文观测可使学生综合学习多学科知识，调动自身的多种感官，提升地理实践力

(5)第五天研学旅行

活动及任务(表9-6):老师带领学生参观好人园,跟学生讲解好人园建园原因、好人园好人事迹,让学生学习、践行好人精神,树立正确的社会主义核心价值观。分组观察木栈桥周边植物,老师讲解并引导学生分析白龟湖国家湿地公园植被类型。

表9-6 第五天研学旅行课程内容设计

研学内容	研学点	具身环境	学习方法	课程目标	具身设计意图
了解好人园好人事迹,学习好人精神	研学点10、11	人文社会环境(现代建筑)	小组合作学习	了解平顶山好人事迹;学习、践行好人精神,树立正确价值观	通过近距离接触,学习好人事迹,获得在场体验,有助于学生在真实环境的互动中理解并践行好人精神
了解白龟湖国家湿地公园植被类型	研学点12	自然环境(植被)	动手实践	观察木栈桥周边植物;分析白龟湖国家湿地公园植被类型	通过现场体验,提升对过渡区植被的认知水平,认识到湿地生态环境保护的重要性

9.5 研学旅行课程评价

具身学习理论强调学习者不仅是教育教学的主体,还是具身环境中社会文化环境的重要组成部分,学生在学习过程中的相互作用可以推动更加有意义的学习。所以,在学生完成学习和认知的内部构造后,要在班级内部进行汇报展示,把研学实践活动的收获、感想、反思讲出来,与同学们一同交流,共享研学旅行过程中的收获。本次活动的评估主要有教师评价、自我评价、组内互评和组间互评四部分。

自我评价主要是对个人在研学旅行活动中学习过程的反思评价，评价项目分为实践力、价值认同、责任和吃苦耐劳四部分。其中实践力的评价内容包括能够熟练运用工具、能够运用所学知识解决问题、能够积极主动思考；价值认同的评价内容包括对自然资源的生态功能、文化资源的育人功能的认同及形成人与自然和谐统一的认知；责任的评价内容包括积极完成小组任务、能够担当重任，具有团队意识；吃苦耐劳的评价内容包括能吃苦耐劳和遇到困难不放弃两部分。

教师评价主要是根据研学成果汇报对小组团队风貌、研学成果进行评价。团队风貌的评价内容分为：各小组组内分工是否明确、是否互补，组员是否有大局意识、是否有责任心、是否能团结协作共同解决遇到的难题。评价成果质量的内容如下：活动报告的结构是否完整、前后逻辑联系是否清晰、对活动的分析是否深入、对结果的论证是否严谨、最后所呈现的内容是否真实丰富、对活动过程的记录是否详实等。

组内互评则是参考小组成员对研学活动的参与度及贡献进行评价，组内评价内容分为任务完成度、合作参与和活动态度三类。对任务完成度的评价指小组成员任务的完成情况，担任组长的同学要有一定的领导能力；对合作参与的评价主要是对小组成员内部合作情况的评价，如组员能否与其他组员进行积极主动的沟通，能否合理听取他人的观点和意见，能否与其他组员共享自己获得的经验，是否有奉献精神，作为组员是否遵守本次活动的纪律；对活动态度的评价包括本次活动参与的积极性，以及是否具备求真务实、勇于探索的科学态度。

组间互评是对除所在组以外的小组成果进行评价，组间评价对象主要分为两类，分别是报告人和小组成员。对报告人的评价包括：汇报思路清晰、汇报内容丰富，对提出的问题能够给予合理解答等；对小组成员的评价包括：报告内容完成度较好、逻辑清晰，小组成员积极性高，ppt 制作精美、内容充实且有创新性和启发性等。

9.6 研究结论

本文在具身学习理论的指导下，以平顶山市白龟湖国家湿地公园为例进行研学课程设计，主要结论如下：

在具身学习理论指导下，利用图新地球软件设计白龟湖国家湿地公园研学旅行路线图，参照目的地选择原则、课程内容设计原则和路线设计原则，从教师、学生两方面阐述研学旅行准备工作；将具身学习理论与研学旅行相结合，对白龟湖湿地公园研学旅行进行全面课程开发，分别从研学内容、具身环境、学习方法、具身设计意图等方面阐述为期5天的研学安排，并从自我评价、教师评价、组内互评和组间互评四个方面对研学效果进行评价。

参考文献

[1]VARELA F J, THOMPSON E, ROSCH E. The embodied mind: Cognitive science and human experience[J]. American Journal of Psychology, 1993(4): 101-103.

[2]梁美盈，周玉琴.基于具身学习视角的研学旅行设计研究——以“走读长江水，品悟三峡情”为例[J].地理教学，2020(01):56-60.

[3]李志河，李鹏媛，周娜娜，等.具身认知学习环境设计：特征、要素、应用及发展趋势[J].远程教育杂志，2018，36(05):81-90.

第10章 古诗词在高中地理教学中的应用研究

将古诗词运用于地理课堂教学不仅是对传统文化的继承，也是对地理教学内容的创新，有助于改变教师教学思路、提高学生文化素养。本研究立足于高中地理新课程标准以及人教版高中地理教材，筛选并分类整理了与人教版高中地理部分章节对应的古诗词，并从地理视角加以解读，同时举例说明在新课导入、主要授课过程和课后作业3个教学环节中如何将古诗词整合到地理教学中。

10.1 研究背景

2017年1月25日，中共中央办公厅、国务院办公厅印发的《关于实施中华优秀传统文化传承发展工程的意见》提出，传承我国优秀传统文化是提升国家软实力的重要途径，要贯穿教育的各个阶段，并且要加大宣传教育力度。在地理课堂教学中运用古诗词有利于培养高中生的核心素养，促进中学地理课堂教学改革，美化教师教学语言，激发学生学习兴趣，加强学生理解记忆，促进学生综合全面发展，进而有助于立德树人这一教育终极目标的实现。

10.2 课标解读及本研究古诗词范围界定

《普通高中地理课程标准（2017年版）》着重强调培养学生的核心素养，落实立德树人的根本任务。根据新课标，高中地理包括必修、选择性必修和选修模块，可供选择古诗词的地理课程资源十分丰富。古诗词大多与自然地理有关，因此前人也大多是对自然地理与古诗词的联系进行研究，但是也不乏很多与人文地理相关的古诗词，在地理教学中融进古诗词有助于学生学习对生活、对自身发展有用的地理。

本研究中引用的古诗词范围为教育部颁布的《义务教育语文课程标准(2011 年版)》《普通高中语文课程标准(2017 年版)》所规定的中小学生必背的 208 首古诗词，以及古诗文网站中通过关键字所能搜索到古诗词。此外，毛泽东的一些诗词作品也被引用到本研究中。

10.3 古诗词引用方法

地理课堂中引用古诗词一定要注意科学性和适宜性，不可生搬硬套、喧宾夺主，其引用一定要有助于突出重点或突破难点，有利于课堂教学目标的实现，切忌将地理课上成古诗词课。一些教学内容的讲授过程结合古诗词会有助于学生理解记忆，如在讲授赤道周长的知识点时，引用毛泽东“坐地日行八万里，巡天遥看一千河”的诗句，可有效帮助学生记忆赤道周长为八万里；再如讲授《大气受热过程》中太阳光谱时也可以引用毛泽东“赤橙黄绿青蓝紫，谁持彩练当空舞”的诗句，简单、巧妙地帮助学生记忆了光谱的排列顺序。类似以上的古诗词与地理知识的结合能够有效促进地理知识的学习。古诗词的引用体现在新课导入、课堂教学、课后作业等多个环节。

10.4 人教版高中地理部分章节对应古诗词分类

本研究分析了适合在地球外部圈层，地球内部圈层，人口与城市，工业、农业、交通运输业，人地关系等五部分应用的古诗词，具体见表 10－1 ~ 表 10–5。

表 10-1 地球外部圈层对应古诗词分类

章节		对应古诗词分类及分析
第一章 行星地球	第一节 宇宙中的地球	①“迢迢牵牛星，皎皎河汉女”——佚名《迢迢牵牛星》，此句中的“河汉”指的是天体系统中的银河系
	第二节 太阳对地球的影响	②“天时人事日相催，冬至阳生春又来”——杜甫《小至》，该句“冬至”“春又来”写的是太阳直射点移动到南回归线后就开始向北移动，北方的春天即将到来
	第三节 地球的运动	③“海日生残夜，江春入旧年”——王湾《次北固山下》，此句形象地写出了地球自转产生的昼夜交替现象。 “草木蔓发，春山可望”——王维《山中与裴秀才迪书》；“绿树荫浓夏日长，楼台倒影入池塘”——高骈《山亭夏日》；“八月秋高风怒号，卷我屋上三重茅”——杜甫《茅屋为秋风所破歌》；“千里黄云白日曛，北风吹雁雪纷纷”——高适《别董大》。此组诗句展现出由于地球公转而引起的四季变化

表 10-2 地球内部圈层对应古诗词分类

章节		对应古诗词分类及分析
第二章 地球上的大气	第一节 冷热不均引起大气运动	①“君问归期未有期，巴山夜雨涨秋池”——李商隐《夜雨寄北》，巴蜀之地山地多，晚上寒冷的山风下沉，将谷底的暖空气托起，暖空气上升过程中遇冷，形成降雨
	第二节 气压带和风带	②“梅雨霁，暑风和”——周邦彦《鹤冲天·梅雨霁》，南方梅雨季节即将过去，夏天即将到来，“暑风”指的是从海洋吹向陆地的夏季风。 “惟有北风号怒天上来”——李白《北风行》，此句中的“北风”为蒙古—西伯利亚高压影响下的冬季风，冬季我国主要风向为西北风
	第三节 常见天气系统	③“黄梅时节家家雨，青草池塘处处蛙”——赵师秀《约客》，此句中的“家家雨”即为6月中旬江淮地区准静止锋导致的梅雨。 “昨夜雨疏风骤，浓醉不消残酒”——李清照《如梦令·昨夜雨疏风骤》，此句描写了冷锋过境时狂风大雨的天气状况

续表10–2

章节		对应古诗词分类及分析
第三章　地球上的水	第一节　自然界的水循环	①“百川东到海，何日复西归”——《长歌行》，此句揭示了水循环外因和水循环两个环节，即地表径流和水汽输送
	第二节　大规模的海水运动	②“海水无风时，波涛安悠悠”——白居易《题海图屏风》，此句诗中提到海水运动与风的关系，可用以说明海水运动的特点及影响因素
	第三节　水资源的合理利用	③“日日思君不见君，共饮长江水”——李之仪《卜算子·我住长江头》，此句诗表明江水是长江沿岸居民的主要水源，结合当下长江在我国社会经济发展和生态建设中的重要性及我国面临的水资源危机，适时对学生进行思政教育，让学生明白长江流域各地区要协作开发水资源，合理利用水资源，帮助学生树立正确的人地协调观
第四章　地表形态的塑造	第一节　营造地表形态的力量	①“轮台九月风夜吼，一川碎石大如斗，随风满地石乱走”——岑参《走马川行奉送封大夫出师西征》，此句诗描写了西北内陆轮台地区强劲的风力以及地表破碎的岩石。可借此为学生讲解塑造地表形态的主要外力及其作用机制，通过讨论让学生明白该句诗主要描写了风通过搬运和堆积作用可以改变地表形态
	第二节　山地的形成	②“横看成岭侧成峰，远近高低各不同”——苏轼《题西林壁》，此句诗描写出从不同角度观看庐山的奇特地理景观。从地质学角度来看，庐山属于内力作用形成的地垒式断块山，由于地形奇特，加上欣赏旅游景点时选择的位置不同，导致“横看成岭侧成峰”的视觉效果
	第三节　河流地貌的发育	③“天门中断楚江开，碧水东流至此回”——李白《望天门山》，此句诗可用来说明流水的侵蚀作用对沟谷形成的影响，让学生明白“楚江”的侵蚀作用导致了“天门中断”

续表 10-2

章节		对应古诗词分类及分析
第五章 自然地理环境的整体性与差异性	第一节 自然地理环境的整体性	①“落红不是无情物，化作春泥更护花”——龚自珍《己亥杂诗》，句中的“落红”指落花。花朵掉落后进入土壤，并转化为有机物，从而提高土壤肥力。植物、土壤成为具有联系的一个整体，反映了自然环境的整体性，培养学生的综合思维能力
	第二节 自然地理环境的差异性	②“遥知朔漠多风雪，更待江南半月春”——苏轼《惠崇春江晚景》，此句诗写出在北方飘雪的冬季，留在南方过冬。南北方气候的差异，体现了自然地理环境的差异性，培养学生的区域认知能力

表 10-3 人口与城市古诗词分类

章节		对应古诗词分类及分析
第一章 人口的变化	第一节 人口的数量变化	①“四万万人齐下泪，天涯何处是神州”——谭嗣同《有感》，此句诗写出清末时期中国约4亿人口，结合新中国成立后历次人口普查记录，可研究我国人口数量变化特点，并以河南省这一人口大省为例，分析区域人口合理容量问题
	第二节 人口的空间变化	②“本是朔方士，今为吴越民。行行将复行，去去适西秦”——曹植《门有万里客行》，此句诗描写了人口的迁徙，可用于引导学生分析我国从古至今人口迁移的特点及影响因素

续表 10-3

章节		对应古诗词分类及分析
第二章　城市与城市化	第一节　城市内部空间结构	①“百千家似围棋局，十二街如种菜畦”——白居易《登观音台望城》，此句诗写出了长安城中规整的住宅区和街道，展示了城市的空间结构及不同的功能分区，通过和现在西安市的城市空间布局比较，分析城市结构的影响因素及合理利用城市空间的意义
	第二节　不同等级城市的服务功能	②“东南形胜，三吴都会，钱塘自古繁华”——柳永《望海潮》，诗句描写了杭州优越的地理位置、庞大的人口规模以及发达繁盛的经济。将历史上的杭州和现在作为特大城市、新一线城市的杭州在经济社会发展方面进行比较，分析影响城市服务功能和等级结构的因素
	第三节　城市化	③“城市尚余三伏热，秋色先到野人家”——陆游《秋怀》，该句诗描写了城市化导致城市热岛效应的产生，夏季乡村温度比城市低。通过乡村和城市的对比，让学生讨论城市化的利弊

表 10-4　工业、农业、交通运输业古诗词分类

章节		对应古诗词分类及分析
第三章　农业地域的形成与发展	第一节　农业的区位选择	①“橘生淮南则为橘，生于淮北则为枳”——刘向《晏子使楚》，此句诗形象生动地写出了不同地区的不同自然条件对农业生产的影响，说明农业区位选择应遵循因地制宜的原则
	第二节　以种植业为主的农业地域类型	②“夜来南风起，小麦覆陇黄”——白居易《观刈麦》，描写了小麦成熟、农民收麦的景象，反映了以小麦为代表的商品谷物农业的区位特点和区位条件，比较与季风水田农业的异同，和学生共同探讨商品谷物农业的发展措施
	第三节　以畜牧业为主的农业地域类型	③“天苍苍，野茫茫，风吹草低见牛羊”——《敕勒歌》，描写了阴山脚下辽阔的草原以及丰盛的牧草。由于该地区位于内陆，降水稀少，种植业发展受限，适合发展大牧场放牧业和乳畜业

续表 10-4

章节		对应古诗词分类及分析
第四章　工业地域的形成与发展	第一节　工业的区位因素与区位选择	①"羌笛何须怨杨柳，春风不度玉门关"——王之涣《凉州词》，此句诗写出了古代玉门由于气候条件恶劣而形成较为荒凉的景象。但是如今的玉门由于石油资源的开采而形成了大批的石油工业，使经济快速发展起来，可向学生说明工业区位选择的影响因素及如何进行区位选择
第五章　交通运输布局及其影响	第一节　交通运输方式和布局	①"客路青山外，行舟绿水前"——王湾《次北固山下》，可通过此句诗引出古代常见的交通工具如车、马、牛、舟、船、轿等，并让学生比较古今交通工具的异同，分析影响交通运输方式选择的因素
	第二节　交通运输方式和布局变化的影响	②"尔来四万八千岁，不与秦塞通人烟"——李白《蜀道难》，蜀地周围险峻的地形影响了此地的经济发展和对外联系，也影响了当地的聚落分布格局，可让学生讨论交通布局对现代社会经济发展的影响

表 10-5　人地关系类古诗词分类

章节		对应古诗词分类及分析
第六章　人类与地理环境的协调发展	第一节　人地关系思想的演变	①"山上层层桃李花，云间烟火是人家。银钏金钗来负水，长刀短笠去烧畲"——刘禹锡《竹枝词九首》，诗中描写了古代落后的耕作方式及淡薄的环境保护和资源有效利用意识，长此以往造成森林覆盖率降低，植被涵养水源能力下降，最终导致生态系统失衡。 "劝君莫打枝头鸟，子在巢中望母归"——白居易《鸟》，此句诗劝诫人们注重生态平衡，保护动物。 这两首诗蕴含了古人深邃的生态哲学思想和高深的生态智慧，结合当下生态文明建设对学生进行思政教育，帮助学生树立正确的人地观
	第二节　中国的可持续发展实践	②"竭泽而渔，岂不获得？而明年无鱼"——《吕氏春秋·义赏》，此句诗说明早在春秋战国时期人们就开始注重生态平衡问题，而在这段历史时期，古人就有了封山育林、休养生息等保护生态环境的措施，借此培养学生的可持续发展观，并帮助学生形成尊重自然、与自然和谐相处的态度

10.5 古诗词在课堂教学中应用的案例分析

本研究案例为人教版必修二第三章第一节《农业的区位选择》(第 1 课时),教学目标为:① 从地理位置、自然和社会因素等方面,总结归纳影响农业区位选择的因素;② 以荔枝树的种植为例,归纳出农业区位因素对农业生产的影响;③ 通过学习农业区位因素对农业的影响,树立学生因地制宜的观念。重难点分别是农业的主要区位因素分析和学生自主运用案例分析其他具体的农业区位因素。运用的教学方法有读图分析法、提问讲解法、小组讨论法。

在新课导入中引用杜牧的诗句“一骑红尘妃子笑,无人知是荔枝来”引导学生思考问题,并进一步引出本节课所要学习的内容。采用这句脍炙人口的诗句作为课堂导入,学生对此诗句有一定了解,但又不能准确地用地理知识加以解释,以此来激发起学生的求知欲,锻炼学生的思考能力。同时,采用古诗词导入,让学生带着问题探究学习,明确了学习目的,有助于学生对知识的掌握。

在主要教学过程中,关于杨贵妃吃荔枝有很多说法,所以通过展示图片,并根据苏轼曾在今广东惠州写的“日啖荔枝三百颗,不辞长作岭南人”的诗句以及惠州盛产“妃子笑”荔枝,拟定本节课以惠州荔枝生产为例探讨农业区位的选择。

在进行农业自然区位因素的总结时,使用《晏子使楚》中“橘生淮南则为橘,生于淮北则为枳”的千古名句,以及白居易在《大林寺桃花》中写的“人间四月芳菲尽,山寺桃花始盛开”的诗句,引导学生思考诗句中现象的形成原因并回答问题,随后教师带领学生从地理视角解读诗句。

在介绍其他自然区位因素时,主要以图片展示和教师口述的方式用诗句分析重难点内容:①我国西部地区多为“天苍苍,野茫茫,风吹草低见牛羊”的牧业,东部地区多为“童孙未解供耕织,也傍桑阴学种瓜”的种植业;②用“上者生烂石,中者生砾壤,下者生黄土”诗句分析适合茶树生长的土壤类型,解释为什么我国东南地区微酸性土壤的茶树在其他地区种植后生长较差；③我国南方地区粮食作物多以“稻花香里说丰年，听取蛙声一片”的水稻为主，而北方地区粮食作物多以“夜来南风起，小麦覆陇黄”的小麦为主。学生以小组为单位分析诗句，讨论影响各类农业生产的自然地理因素，将荔枝案例中所学的知识迁移到其他案例，能够锻炼学生的综合思维能力和分析总结能力。

在分析影响荔枝生产的交通和冷藏保鲜技术的因素中，可引用白居易的“若离本枝，一日而色变，二日而香变，三日而味变，四五日外，色香味尽去矣”来说明荔枝极易变质的特性。

在最后的随堂练习环节，让学生从古诗中分析农业区位的影响因素，如：①“稻云不雨不多黄，荞麦空花早着霜”诗句中包含了哪些影响农业区位的因素？②从“四海无闲田，农夫犹饿死”诗句中可以看出哪一个农业区位影响因素？③“一粒红稻饭，几滴牛颔血”说明我国古代农业生产的限制性因素是什么？④水稻的生产，特别是在古代，极为耗费人力物力，“插秧适云已，引溜加灌溉”此句诗体现了水稻生长对哪一个农业区位因素的需求？引用以上四句古诗词，结合前面所学习的内容让学生趁热打铁，从地理视角加以解读分析，锻炼学生的综合思维能力。

10.6　结语

古诗词在高中地理课堂中的应用有助于激发学生对传统文化的热爱之情，有助于培养学生的传统文化素养和地理核心素养。文章首先界定了本研究中所涉及的主要古诗范围，然后分析了适合用于高中地理的古诗词，最后举例说明在课堂教学的导入、主要教学过程、课后练习中如何将古诗词和主要知识点相结合。本研究为高中地理教师如何在课堂中引入古诗词提供了参考和借鉴，同时也为高中地理如何运用传统文化立德树人指明了方向。

参考文献

[1]李勤艳，彭蕾. 古诗词与地理课堂深度融合的有效策略研究[J]. 地

理教学,2020(07):49-52.

[2]褚丽娟,梁品文.从地理学科视角看“古诗词”教学[J].长春教育学院学报,2017,33(09):60-61.

[3]王彤.古诗词在地理教学中应用的相关性——以人教版地理必修一为例[J].林区教学,2018(11):84-85.

[4]牛锐.古诗词中的地理气候知识[J].福建基础教育研究,2016(04):59.

第11章 信息技术在乡土地理教学中的应用1
——以河南省农业与旅游业协调发展为例

乡土地理可以帮助学生认识、熟悉自己的家乡，有利于培养学生的家国情怀、区域认知能力和地理实践力等。本章以河南省为研究对象，从农业发展规模、农业发展保障、农业集约化水平、旅游经济、旅游保障和旅游市场等几个方面构建了农旅协调发展评价指标体系，运用熵值法、主成分分析法构成的组合法对指标赋权，用改进的双基点(TOPSIS)法计算协调度，用标准差椭圆法分析协调度的空间分布特征。结果表明：①1995—2015年间，河南省农旅协调度从勉强协调向良好协调发展；②在2007年、2010年和2015年，各地农旅协调度差异不大，郑州、洛阳和南阳三市的农旅协调度为中度协调，中度协调区域大致呈"C"字形分布，其余城市为勉强协调；③各地农旅协调度的变化态势包括基本稳定型、上升型、波动型和微降型四种；④农旅协调度重心靠近郑州、许昌交界处，分布方向大致呈东北—西南走向，分布的方向性和集聚性不是很明显；⑤根据各地旅游业、农业及农旅协调度的实际情况，提出了科学合理的、差异性的农旅协调发展对策。

11.1 研究背景

河南省是我国重要的农业大省、粮食大省，在全国约占6%的耕地上产出约占10%的粮食，被誉为"国家粮仓"和"国民厨房"，为保障我国粮食安全做出了重要贡献。尽管如此，目前河南省在"三农"方面依然存在着农业与其他产业的关联性不强、农村发展较慢、农民收入不高等问题。研究表明，与旅游业的高度融合及协调发展是破解上述问题的主要途径之一[1-4]。河南省农村地域辽阔，有优美的自然风光和丰富多彩的乡村文化，70%以上的旅游资源分布在广大农村地区，为旅游业的发展提供了较好的资源基础；同时，旅游业将有助于优化农村产业结构和农业经营模式，促进城乡统筹，提高农户生活水平。农旅协调发展有助于农业、旅游业实现双赢，在当下“旅游+”和全域旅游的大背景下，具有重要的现实意义和实践价值。

国外的相关研究着重通过实证研究探讨乡村旅游或农业旅游对农村发展和消除农村贫困方面的影响。如 Kitahara 通过对日本的研究发现农业与旅游业的结合有助于加强城市和乡村之间的联系，进而缩小城乡差距[2]；Walmsley 认为乡村旅游将会提升城乡在个性化旅游方面的竞争力[5]；Veeck 认为乡村旅游使农业和旅游业互惠互利[1]。但也有研究发现虽然农业与旅游业的结合对农户是有益的，但实际上这种发展机会很难被当地农户抓住[6]。Pillay 和 Rogerson 通过对南非住宿部门的研究发现该部门的食品供应主要通过中间商来完成，当地农产品生产者较少涉足其中，旅游的扶贫效应不明显[7]。近些年国内相关研究主要包括三个方面：①农业和旅游业的产业关联效应分析，旅游业对农业的关联主要为后向关联[8]；②基于产业融合理论分析农业与旅游业的融合状况，发现农业波动会影响国内旅游业波动[4]，农旅融合的方式包括资源融合、劳动力融合、技术融合及市场和管理方式的融合等[9]；③耦合关系及动力机制分析，耗散结构理论表明农旅复合系统只有形成开放的耦合系统才能实现总熵的减少，才能使系统向更有序的方向发展，最终实现帕累托改进[10]；外部性理论认为农业和旅游业均会对彼此产生外部性，外部性的内部化是实现农旅协调的重要途径[11]。

以上研究分别从不同角度对农业和旅游业的发展进行有意义的探索，也为本文的研究提供了有价值的借鉴和参考。但总的来说，已有研究鲜见有对农旅协调发展的时空效应及其机理进行系统的分析。鉴于此，本文主要研究内容设计如下：用改进的 TOPSIS 模型计算农旅协调发展度，然后分别从时间和空间角度对河南省农旅协调发展进行分析，找出其时空变化的特征和规律，研究影响农旅协调发展的主要因素，为河南省农业和旅游业协调发展政策的制定提供理论依据。

11.2　研究方法

11.2.1　指标体系构建

借鉴相关研究[3-4,10,12-13]，本研究遵循实用性、科学性、代表性、完备性及可获得性等原则选取关键指标，这些指标既能反映农业系统和旅游业系统各自的发展状态，又能反映两个系统之间的相互联系和作用。共构建了 4 层指标体系：目标层、状态层、决策层和指标层（表 11-1）。目标层反映了农业与旅游业协调发展水平；状态层包括农业和旅游业发展状态；决策层着重反映各状态层的基本内容，其中，农业发展水平用农业发展规模、发展保障和集约化水平来表征，旅游业发展水平从旅游经济、旅游保障和旅游接待 3 个方面进行表征；指标层是指对应于决策层各层的具体且可量化的指标，共包含 26 个指标。对所选指标解释如下：

①农业发展规模：农业发展规模是农业发展水平高低的主要表现之一，而产业增加值、土地、劳动力和农产品产量是农业发展规模在数量上的主要表征因子，农村居民人均收入是衡量农业发展规模质量的主要指标，农业发展规模的壮大有助于农业产业链向旅游业延伸。②农业发展保障：农业发展保障是农业发展水平得以提高的基础，也是农旅协调发展的保障。物资、能源、交通和资金是农业发展保障的基本要素。③农业集约化水平：农业集约化水平通常通过土地生产率和劳动生产率表现出来，农业集约化水平的提高使农业更容易对旅游业产生正的外部性，如向旅游业提供更多劳动力、更多旅游产品和更加优美的生态环境[11]。④旅游经济：主要包括各类旅游收入指标，旅游收入及旅游产出占比是衡量旅游业发展水平的主要指标。经济效益的提升将使旅游业对农户产生更大的吸引力和凝聚力，促使农村土地流转，产生新业态并实现土地价值增值。⑤旅游保障：在河南，交通、通信等基础设施建设是影响旅游业发展的主要硬件因素。根据外部性理论，旅游在基础设施方面的完善将会惠及农村、农业和农民。⑥旅游市场：旅游市场规模的扩大主要指各类旅游人次、旅游企业数量及相关从业人数的增加。

表 11-1　农业、旅游业协调发展评价指标体系

目标层	状态层	决策层	指标层	单位	权重 W_1	权重 W_2	复合权重
农业-旅游业协调发展水平	A 农业发展水平	A_1 农业发展规模	A_{11}农林牧渔业增加值	亿元	0.0373	0.0434	0.0418
			A_{12}主要农产品产量	万吨	0.0373	0.0326	0.0363
			A_{13}耕地面积	千公顷	0.0372	0.0325	0.0362
			A_{14}农村居民人均纯收入	元	0.0375	0.0266	0.0328
			A_{15}乡村农业从业人员比重	%	0.0361	0.0061	0.0155
		A_2 农业发展保障	A_{21}农用物资消耗	吨	0.0364	0.0371	0.0382
			A_{22}农业机械总动力	万千瓦	0.0374	0.0442	0.0423
			A_{23}农村用电量	亿千瓦小时	0.0384	0.0545	0.0476
			A_{24}农村投递线路总长度	千米	0.0369	0.0543	0.0466
			A_{25}农业固定资产投资	亿元	0.0401	0.0285	0.0351
		A_3 农业集约化水平	A_{31}单位面积机械动力	千瓦/千公顷	0.0364	0.0092	0.0190
			A_{32}单位面积农产品产量	万吨/千公顷	0.0363	0.0028	0.0105
			A_{33}人均农业产值增加值	元	0.0401	0.0043	0.0137
			A_{34}农村人均用电量	千瓦时	0.0387	0.0418	0.0419
	B 旅游业发展水平	B_1 旅游经济	B_{11}国内旅游收入	亿元	0.0406	0.0536	0.0485
			B_{12}入境旅游收入	万美元	0.0427	0.0480	0.0471
			B_{13}旅游总收入	亿元	0.0406	0.0536	0.0485
			B_{14}旅游收入占 GDP 比重	%	0.0380	0.0263	0.0329
		B_2 旅游保障	B_{21}公路线路里程	千米	0.0373	0.0409	0.0406
			B_{22}邮电业务量	万元	0.0412	0.0330	0.0384
			B_{23}旅客周转量	万人千米	0.0377	0.0477	0.0441
			B_{24}第三产业固定资产投资	亿元	0.0391	0.0569	0.0491
		B_3 旅游市场	B_1 国内旅游者人次	亿人次	0.0389	0.0553	0.0483
			B_{32}入境旅游者人次	万人次	0.0427	0.0438	0.0450
			B_{33}星级酒店个数	个	0.0380	0.0588	0.0492
			B_{34}第三产业就业人数	万人	0.0371	0.0642	0.0508

11.2.2　改进的 TOPSIS 模型

协调度评价模型主要包括数据包络分析法[14]、模糊隶属度法[15]、距离函数法[16]等。本研究采用距离函数法中的TOPSIS法进行农旅协调度评价。TOPSIS(Technique for Order Preference by Similarity to an Ideal Solution) 法是有限方案中多属性决策或群决策方法,已被证明是一种有效的协调度评价模型[13,17-18]。其基本原理为分别构造一组正理想解和负理想解,通过比较决策方案与理想解的逼近程度,对其进行排序,若决策方案最靠近正理想解,同时最远离负理想解,则该方案为最优;反之为最差。TOPSIS 方法有两个关键点:指标权重的确定和距离的计算。传统的TOPSIS模型用层次分析法确定权重,主观性较强,结果存在不确定性。为了使权重更加真实地反映指标的相对重要性,本文拟采用熵值法和因子分析联合赋权的方法。传统的欧式距离有时无法准确反映各方案的优劣性[19],虚拟最劣样本的引入可以解决该问题[20]。改进后的TOPSIS模型计算步骤如下:

(1)建立规范化决策矩阵 $\boldsymbol{Z}$: $\boldsymbol{Z}=(z_{ij})_{m\times n}$, z_{ij} 为原数据 x_{ij} 的极差标准化值, m、n 分别为评价对象数量、每个对象的指标数量。当 x_{ij} 为效益型指标时, z_{ij} 公式如下:

$$z_{ij}=\frac{x_{ij}-\min(x_{ij})}{\max(x_{ij})-\min(x_{ij})} \tag{1}$$

当 x_{ij} 为成本型指标时, z_{ij} 公式如下:

$$z_{ij}=\frac{\max(x_{ij})-x_{ij}}{\max(x_{ij})-\min(x_{ij})} \tag{2}$$

(2)建立加权规范化决策矩阵 $\boldsymbol{V}$:

$$\boldsymbol{V}=(v_{ij})_{m\times n}=(z_{ij}\times w_j)_{m\times n} \tag{3}$$

$\boldsymbol{W}=(w,w,...,w)^{\boldsymbol{T}}$ 为指标权重矩阵。本研究采用熵值法和因子分析法分别获取指标权重矩阵 $\boldsymbol{W}_1$、$\boldsymbol{W}_2$ [15,21], $\boldsymbol{W}_1=(w_{11},w_{12},....,w_{1j})^{\boldsymbol{T}}$, $\boldsymbol{W}_2=(w_{21},w_{22},....,w_{2j})^{\boldsymbol{T}}$,然后根据最小相对熵原理获取二者的复合权重矩阵 $\boldsymbol{W}_j$ [22], w_j 公式如下:

$$w_j=\frac{\sqrt{w_{1j}w_{2j}}}{\sum_{j=1}^{n}\sqrt{w_{1j}w_{2j}}} \tag{4}$$

(3)确定各类理想解:假设正理想解为 V^+,负理想解为 V^-,虚拟最劣解为 V^*,则有

$$V^{+}=(\max_i v_{ij},\text{当 } v_{ij} \text{ 为效益型指标};\min_i v_{ij},\text{当 } v_{ij} \text{ 为成本型指标})$$

$$=(v_1^{+},v_2^{+},\ldots,v_n^{+}) \tag{5}$$

$$V^{-}=(\min_i v_{ij},\text{当 } v_{ij} \text{ 为效益型指标};\max_i v_{ij},\text{当 } v_{ij} \text{ 为成本型指标})$$

$$=(v_1^{-},v_2^{-},\ldots,v_n^{-}) \tag{6}$$

$$V^{*}=(v_1^{*},v_2^{*},\ldots,v_j^{*}) \tag{7}$$

$$v_j^{*}=2v_j^{-}-v_j^{+} \tag{8}$$

V^* 的几何意义为：V^* 位于 V^+ 和 V^- 的反向延长线上，且 V^+、V^- 之间的距离等于 V^-、V^* 之间的距离。

（4）距离计算。d_i^+、d_i^* 分别为每个方案到正理想解和虚拟最劣解的距离：

$$d_i^{+}=\sqrt{\sum_{j=1}^{n}(v_{ij}-v_j^{+})^2} \tag{9}$$

$$d_i^{*}=\sqrt{\sum_{j=1}^{n}(v_{ij}-v_j^{*})^2} \tag{10}$$

（5）农旅协调度指数 c_i 的计算：

$$c_i=\frac{d_i^{*}}{(d_i^{*}+d_i^{+})} \tag{11}$$

c_i 越大说明农旅协调度越高。

（6）协调度分级及其含义

已有研究将农旅协调度分为 6 个等级[15,17]。$c_i\in[0.9,1]$，为优质协调，农业和旅游业处于高度协调发展状态。主要表现为：农业经营方式多元化，农业产业链条延伸至第二、第三产业，农业资源产品化，农业经济稳步增长，农民收入大幅提高，农村生态环境大为改善，农户就业结构和农村产业结构得以优化升级，乡土文化被发扬光大。旅游业产品类型更加丰富，乡村旅游、农业旅游市场活跃，吸纳了大量农村劳动力就业，政府、农户、旅游企业、旅游者、社区居民等农旅系统的各利益相关者对二者的发展十分满意。

$c_i\in[0.8,0.9)$，为良好协调，农业、旅游业各自发展良好，但彼此发展程度不太一致，利益相关者对此比较满意。

$c_i\in[0.7,0.8)$，为中度协调，农业或旅游业在某些方面存在负的外部性,比如旅游业的不合理发展将增加环境负荷、推高地租价格、占用部门公共资源,农业景观同质化、乡村旅游资源单一化等,但经济效益较好,相关群体对二者的发展持基本满意态度。

$c_i \in [0.5, 0.7)$,为勉强协调,农业和旅游业均处于发展的初期阶段,农旅系统在发展过程中存在一些冲突和矛盾,三大效益向好趋势不太明显,利益相关者至少对一个系统的发展不满意。

$c_i \in [0.3, 0.5)$,为轻度失调,相关个人或部门对农旅协调发展状况不满意,至少一个系统处于无序发展状态,总体发展态势并不乐观,甚至有恶化趋势。

$c_i \in [0, 0.3)$,为中度到重度失调,农产品商品化程度低,农业产业链较短较窄,与旅游业关联性不强,农业价值增值空间较小,农村产业结构的高度化和合理化水平较低,农民收入增加压力大。农村劳动力综合素质较低,大多数农户处于自然经济状态,种田是为了维持生计或换取生活资料的传统思想严重。农业经营结构以分散的、规模较小的家庭经营为主,农业资源配置不合理,科学管理水平低。农业发展的不景气导致在生活资料供给和人才保障方面使旅游业受到影响,相关部门对二者的发展很不满意。

11.2.3　标准差椭圆

标准差椭圆最早由 Lefever 于 1926 年提出[23],是一种能从分布重心、方向、范围和形态等几个方面多角度探测数据空间分布特征的空间统计方法,椭圆的中心为数据分布的重心;椭圆的长轴方向代表数据分布的主要方向,长轴长度代表偏离重心的程度;短轴方向代表数据分布的次要方向,短轴长度代表在次要方向上数据偏离重心的程度;长短轴之比代表大部分数据分布的形态,长短轴之比越大于 1,说明数据分布的方向性越明显,越接近 1,方向性越不明显;椭圆的范围越大说明数据的分布越分散,反之,集聚效应越明显[24,25]。有关椭圆中心、方向、长轴(短轴)标准差的具体计算公式可参考相关文献[24]。

11.2.4　数据来源

本研究所需数据来自 1996—2016 年的《河南统计年鉴》和河南省 18 个

地级市的统计年鉴。由于2007年前各地级市与旅游相关的指标缺失严重，故在对各地级市进行空间分析时选取了2007年、2010年、2015年的数据。

11.3 农业旅游业协调发展评价

11.3.1 协调发展时间格局评价

选取农业系统和旅游系统共26个指标，根据标准化值和复合权重分别计算出两个系统的综合得分，用TOPSIS模型得出两个系统的协调度。如图11-1。从图11-1可以看出，1995—2015年间，农业系统、旅游系统综合得分及农旅系统的协调度总体均呈明显上升态势，特别是2003年之后上升速度较2003年以前更快；2002—2003年间均有小幅下降，主要原因在于2003年春天“非典”的爆发对我国诸多行业的发展带来不利影响，对农民收入、旅游行业收入及旅游人次等方面的影响尤其大。

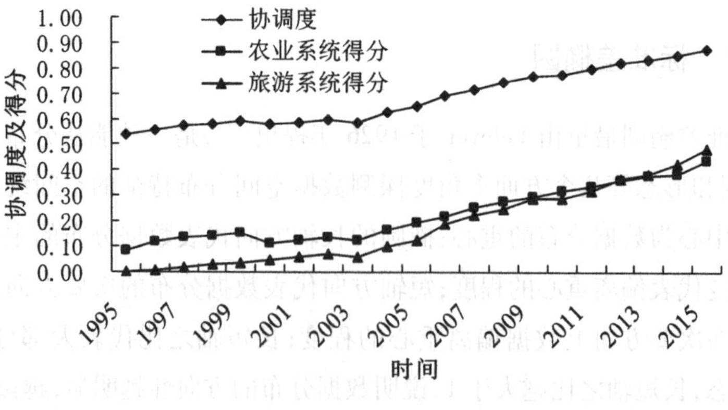

图11-1 1995—2015年河南省农业、旅游系统综合得分及农旅协调度

农旅协调度从1995年的0.540 2增加到2015年的0.876 3，增加了约62.2%。其中，1995—2005年，农业、旅游业处于勉强协调状态；2006—2009年处于中度协调状态；2010—2015年处于良好协调状态。总体来讲，近20年来河南省农业和旅游业之间的协调发展态势逐渐向好。

农业系统综合得分从1995年的0.081 3增长到2015年的0.435 3，在20年间增长了约4倍，年均增长约7.6%；旅游系统综合得分从1995年的0.001 7增长到2015年的0.484 8，增长了约284倍，年均增长32.7%，旅游系统的增幅和年均增速均高于农业系统。但在前19年(1995—2013年)，农业系统的综合得分明显高于旅游系统，原因在于农业历来是河南省的优势产业，“九五”“十五”期间，河南省均把农业放在经济发展的首位，不断巩固和加强农业的基础地位；“十一五”提出要建设社会主义新农村，推动农业产业化；“十二五”规划强调建设专业化、标准化、规模化、集约化的现代化农业。2014年、2015年，旅游系统的综合得分高于农业系统。2009年河南省确立了“旅游立省”的战略，并着力打造全国乃至世界知名的旅游目的地，这是转变经济发展方式、实现中原崛起的必然选择，旅游业的高附加值特点使旅游系统总的发展速度高于农业。

11.3.2 协调发展空间格局评价

11.3.2.1 协调度区域差异分析

总体上，各地农旅协调度差异不大，大部分地区农业和旅游业勉强协调，个别城市属于中度协调(表11-2)。为了进一步区分农旅勉强协调型城市之间的差异，用ArcGIS 10.2中的Jenks最佳自然断点法将勉强协调进一步分为4类：协调度位于0.517 6～0.553 4，为低勉强协调；0.553 4～0.600 0，为中勉强协调；0.600 0～0.655 4，为较高勉强协调；0.655 4～0.700 0，为高勉强协调。

表11-2 各地2007、2010、2015年农业、旅游业协调度

地区	2007年	2010年	2015年
济源市	0.5176	0.5387	0.5215
鹤壁市	0.5344	0.5342	0.5326
漯河市	0.5534	0.5568	0.5434
三门峡市	0.5698	0.5657	0.5749

续表 11-2

地区	2007 年	2010 年	2015 年
濮阳市	0.5885	0.5810	0.5732
许昌市	0.6063	0.5946	0.5803
平顶山市	0.6145	0.6056	0.6034
焦作市	0.6234	0.6148	0.6197
开封市	0.6321	0.6496	0.6261
安阳市	0.6554	0.6496	0.6349
新乡市	0.6802	0.6701	0.6571
信阳市	0.6822	0.6846	0.6607
驻马店市	0.6918	0.7043	0.6645
商丘市	0.6956	0.6973	0.6496
周口市	0.7015	0.6978	0.6562
洛阳市	0.7229	0.7408	0.7494
南阳市	0.7607	0.7354	0.7139
郑州市	0.7907	0.7879	0.7900

(1)中度协调

郑州、洛阳和南阳的农旅协调度在 2007 年、2010 年、2015 年均为中度协调,周口和驻马店分别在 2007 年、2010 年为中度协调。郑州、洛阳在河南省属于经济较发达地区,旅游资源丰富、旅游市场繁荣、旅游保障有力,较高的经济发展水平为农业发展提供了技术和经济保障,农业集约化水平较高,但农业发展规模不大,郑州、洛阳二市并非传统农业区,第二、第三产业占比较大,旅游业综合得分高于农业,两市农旅系统多年来均呈中度协调发展状态。南阳位于河南省国家粮食生产核心区南阳盆地,农业发展规模大,且发展基础好,农业综合得分明显高于旅游业,旅游经济发展水平较低,说明农业产业链并未有效延伸至旅游业并促进旅游业大力发展。周口和驻马店均位于豫东传统农业区,农业发展得分均高于旅游业,旅游收入是影响两市农旅协调发展的主要因素,在旅游收入较高的年份,农旅协调性较好,否则,协调度下降。

(2)高勉强协调

2007年4个城市(新乡、商丘、驻马店和信阳)、2010年4个城市(新乡、商丘、周口和信阳)、2015年4个城市(新乡、周口、驻马店和信阳)为高勉强协调。除新乡外,其他几个城市位于河南的传统农业区,农业发展规模得分普遍最高,位于豫中北地区的新乡农业保障得分普遍最高,农业集约化水平在农业系统中得分最低。总体来讲,农业系统得分平均比旅游系统得分高45%左右,旅游收入低是导致旅游系统得分低的主要原因。

(3)较高勉强协调

2007年,安阳、焦作、开封、许昌和平顶山;2010年,安阳、焦作、开封和平顶山;2015年,安阳、焦作、开封、商丘和平顶山为较高勉强协调。这几个城市主要位于豫北和豫中地区。焦作和开封拥有高品位的旅游资源,分别定位为国际山水型旅游目的地和国际文化旅游目的地,定位尽管较高,但与农业的关联性不强,致使农旅协调度并不高。安阳和平顶山为传统工业城市,农旅协调度自然不高。

(4)中勉强协调

三门峡和濮阳的农旅系统在3个研究年份中均为中勉强协调,农业系统得分比旅游系统高60%左右,农业集约化程度较低,旅游经济、旅游保障和旅游市场三个方面发展程度不高是导致农旅系统中勉强协调的主要原因。此外,许昌(2010年和2015年)和漯河(2010年)也出现过中勉强协调。

(5)低勉强协调

济源、鹤壁两市2007年、2010年和2015年均为低勉强协调,漯河在2007年和2015年为低勉强协调。济源、鹤壁和漯河三市的农业和旅游业综合得分在全省排后三位,无论是农业还是旅游业自身发展实力都不足,对彼此的关联和带动效应不强,导致二者发展的协调性较差。

11.3.2.2　协调度变化的区域差异分析

如表11-2所示,总体上各地农旅协调度在2007年、2010年和2015年间变化不大,根据协调度的变化趋势可以分为4种情况。

(1)基本稳定型

包括郑州、鹤壁和三门峡3个城市。郑州的农旅协调度基本稳定在

0.79，且协调度位次始终稳定在首位。鹤壁和三门峡的农旅协调度分别稳定在0.53和0.57，位次均在后五位。郑州作为省会城市和区域中心城市，各种旅游发展要素集聚，旅游业综合得分始终高于农业，“以旅促农”，发展高效的、集休闲观光科普为一体的都市农业是郑州今后的发展方向，农旅协调发展潜力较大。鹤壁和三门峡需要在农业和旅游业方面“双管齐下”，认真贯彻落实五大发展理念，促使农业和旅游业提质增效，通过供给侧结构性改革激发农业、旅游业内生动力，培育新型经营主体，促进二者高度融合。

（2）上升型

洛阳和焦作。洛阳的农旅协调度从0.740 8增加到0.749 4，焦作的农旅协调度从0.614 8增加到0.619 7。洛阳是我国著名的旅游城市，拥有较多高品质的旅游资源，旅游发展综合得分在三个年份均高于农业。旅游行业顺应市场发展趋势，不断延伸产业链条，以创新为主要驱动力，促进旅游产品创新和业态创新，主动与农业、农村、农户对接，在国家级传统村落建设、休闲农业与乡村旅游示范县评比中，洛阳屡有不俗表现。

（3）波动型

包括安阳、新乡、濮阳、许昌和南阳5个城市，在研究时间段内呈现先增后减态势。农业系统得分大于旅游业，农业现代化程度亟待提高，农业景观、农业人员、农业产品等农业要素并未积极转化为旅游发展要素，致使二者发展的协调性欠佳。旅游配套设施、旅游服务与管理、城市整体发展环境、经济基础等并不是太好，旅游资源优势并未转化为旅游业和农业发展的优势。

（4）微降型

包括平顶山、漯河、信阳、开封、商丘、周口、驻马店和济源8个城市。研究发现，以上8个城市在过去的发展中产业结构不平衡，大部分城市工业的投入和产出较多，而农业、旅游业的投入和产出比例均较小，且缺乏特色。信阳、商丘、周口和驻马店4市作为传统农业区，经济发展水平总体不高，农业现代化、特色化和专业化程度不足，高品位旅游资源较少，旅游吸引力有限，旅游管理和服务水平有待提高。

11.3.2.3 标准差椭圆分析

对2007年、2010年和2015年河南省农业系统总得分、旅游系统总得分及农旅协调度进行标准差椭圆分析(表11-3),分析结果显示除2015年协调度重心在郑州境内靠近郑州、许昌边界线外,其余各类重心基本都分布在许昌北部并靠近许昌、郑州边界线,旅游系统总得分的重心总体偏西,农业系统总得分的重心偏东,协调度重心在两者之间且偏北。3年间协调度重心位置变化不大,且与农业系统重心的距离明显小于与旅游系统重心的距离。在分布方向上,各类分布基本呈东北—西南走向,但由于长短轴之比接近1,说明分布的方向性并不明显。如表11-2所示,农业系统的标准差椭圆转角较小,旅游系统的标准差椭圆转角较大,接近90°,说明农业系统总得分的空间分布状况与旅游系统总得分的空间分布存在较大不一致,协调度标准差椭圆转角大约在20°。协调度在长轴方向上的标准差3年间基本都在158 km左右,高于同年度旅游系统、低于同年度农业系统的相应值。协调度在短轴方向上的标准差约为149 km,大于同年度农业系统和旅游系统的相应值,协调度椭圆面积变化不大,但高于相同年份农业系统和旅游系统椭圆面积,说明协调度空间分布集聚性较差。

表11-3　2007年、2010年、2015年农业系统、旅游系统及农旅协调度标准差椭圆参数

指标	重心经度/(°)	重心纬度/(°)	短轴方向标准差/km	长轴方向标准差/km	转角/(°)	面积/km^2	长短轴之比
2007年农业系统总得分	113.81	34.28	147.39	160.17	1.26	74 162.57	1.09
2007年旅游系统总得分	113.59	34.20	143.52	148.81	81.36	67 095.23	1.04
2007年协调度	113.75	34.31	149.13	158.74	21.85	74 365.80	1.07
2010年农业系统总得分	113.82	34.28	145.19	159.28	14.66	72 651.09	1.10
2010年旅游系统总得分	113.62	34.18	148.03	149.27	28.63	69 414.01	1.01
2010年协调度	113.75	34.31	149.56	158.22	19.99	74 338.16	1.06
2015年农业系统总得分	113.83	34.26	144.93	162.17	9.73	73 835.65	1.12

续表 11-3

指标	重心经度/(°)	重心纬度/(°)	短轴方向标准差/km	长轴方向标准差/km	转角/(°)	面积/km^2	长短轴之比
2015 年旅游系统总得分	113.52	34.22	144.53	150.07	89.64	68 133.97	1.04
2015 年协调度	113.73	34.33	149.36	157.85	22.43	74 062.78	1.06

11.4 结论与对策

文章基于改进的 TOPSIS 模型核算了河南省农业、旅游业协调度,并分析了农旅协调度的时空特点及其形成原因。主要结论如下:①在时间序列上,1995 年—2015 年间,河南省农旅协调度呈逐渐上升态势,二者的协调状态沿着勉强协调—中度协调—良好协调的方向发展,农业系统综合得分总体上高于旅游系统得分;②在空间格局方面,中度协调区域主要包括郑州、洛阳、南阳,大致呈“C”字形分布于豫中、豫西和豫西南地区;③高勉强协调区域主要位于黄淮平原传统农业区和豫中北地区的新乡市;④较高勉强协调区大致呈现出东北—西南走向的两条平行线:即安阳—焦作线和开封—平顶山线;⑤中勉强协调区和低勉强协调区的分布较分散,主要位于豫西(或豫西北)、豫北和豫中地区;⑥协调度的变化态势大致分为基本稳定型、上升型、波动型和微降型四种类型;⑦标准差椭圆分析显示椭圆重心大多位于许昌境内的郑州和许昌交界处附近,空间分布的方向性、集聚性均不强,农业系统总得分、旅游系统总得分和协调度标准差椭圆的转角同年差异较大。

根据上述结论,河南省农业和旅游业协调度提升的主要对策如下:①以旅促农:对郑州、洛阳这两个旅游业优于农业的区域来说,首先,旅游业应进一步提高自身发展实力,扩大旅游发展规模、调整旅游产业结构,使其更加合理化和高级化;其次,旅游业应主动靠近农业,增加对农产品、农村劳动力的需求,丰富旅游产品类型,对传统农业资源和乡村文化进行合理的旅游规划与开发，提高农业发展的拉动力；旅游业借助自身发展优势向农业和农村提供资金、技术、管理及人才等方面的支持，将乡村旅游和都市人群高层次的精神需求相结合，进而提高农业发展的推动力。②以农带旅：在豫东平原和南阳盆地等传统农区，农业总体发展水平高于旅游业，“以农带旅”是促进二者协调发展的主要途径。提高农业现代化水平，发展集约型农业，利用比较优势发展特色农业和创意农业，提高农业景观、农产品、农事体验的旅游价值，充分利用现代高新技术和先进的营销理念拉长拓宽农业产业链条，打造产业集群，促进农业与第二、第三产业的高度融合。③优化环境，旅农共进。对部分农业和旅游业发展水平都较低的区域来说，应进一步提高城镇化发展水平和质量，以政府为主导完善农旅协调发展政策，推动农旅科技创新发展体系，建立互惠互利的生产组织经营合作模式，促进农业产业化、农民职业化、农村生态化及旅游全域化。

参考文献

[1]VEECK G, CHE D, VEECK A. America's changing farms cape: A study of agricultural tourism in Michigan[J]. Professional Geographer, 2006, 58(3): 235-248.

[2] KITAHARA E. The direction of rural development policies in Japan [J]. OECD. The future of rural policy: from sectoral to place-based policies in rural areas. Paris: OECD Publications, 2003: 61-75.

[3]袁中许. 乡村旅游业与大农业耦合的动力效应及发展趋向[J]. 旅游学刊, 2013, 28(05): 80-88.

[4]夏杰长，徐金海. 中国旅游业与农业融合发展的实证研究[J]. 经济与管理研究, 2016, 37(01): 77-83.

[5] WALMSLEY D J. Rural tourism: A case of lifestyle-led opportunities [J]. Australian Geographer, 2003, 34(1): 61-72.

[6]KOUTSOURIS A, Gidarakou Imailto, Grava Fmailto, et al. The phantom of (agri) tourism and agriculture symbiosis? A Greek case study [J]. Tourism Management Perspectives, 2014, 12: 94-103.

[7]PILLAY MMAILTO, Rogerson C Mmailto. Agriculture-tourism linkages and pro-poor impacts: The accommodation sector of urban coastal KwaZulu-Natal, South Africa [J]. Applied Geography, 2013, 36: 49-58.

[8]王琪延,徐玲.基于产业关联视角的北京旅游业与农业融合研究[J].旅游学刊,2013,28(08):102-110.

[9]丁雨莲,马大全.旅游业与现代农业融合路径实证研究——以芜湖大浦乡村世界为例[J].中国农学通报,2012,28(14):157-163.

[10]张英,陈俊合,熊焰.旅游业与农业耦合关系研究及实证——以湖南省张家界市为例[J].中南民族大学学报(人文社会科学版),2015,35(06):109-113.

[11]刘圣欢,杨砚池.现代农业与旅游业协同发展机制研究——以大理市银桥镇为例[J].华中师范大学学报(人文社会科学版),2015,54(03):44-52.

[12]方叶林,黄震方,段忠贤等.中国旅游业发展与生态环境耦合协调研究[J].经济地理,2013,33 (12):195-201.

[13]王璐璐,虞虎,周彬.旅游业与城市发展的协调度评价——以中国25个主要旅游城市为例[J].经济地理,2015,35(02):195-201.

[14]柯健,李超.基于DEA聚类分析的中国各地区资源、环境与经济协调发展研究[J].中国软科学,2005(02):144-148.

[15]汪晓文,杜欣.中国城镇化与农业现代化协调发展的测度[J].统计与决策,2015(08):121-124.

[16]汤铃,李建平,余乐安等.基于距离协调度模型的系统协调发展定量评价方法[J].系统工程理论与实践,2010,30(04):594-602.

[17]周彬,赵宽,钟林生等.舟山群岛生态系统健康与旅游经济协调发展评价[J].生态学报,2015,35(10):3437-3446.

[18]李伟霄,翁翎燕.基于TOPSIS的城市经济与环境协调发展评价——以上海市为例[J].地球与环境,2014,42(04):550-554.

[19]华小义,谭景信.基于“垂面”距离的TOPSIS法——正交投影法[J].系统工程理论与实践,2004,(1):114-119.

[20]胡永宏.对TOPSIS法用于综合评价的改进[J].数学的实践与认

识,2002,32(4):572-575.

[21]杜挺,谢贤健,梁海艳等.基于熵权TOPSIS和GIS的重庆市县域经济综合评价及空间分析[J].经济地理,2014,34(06):40-47.

[22]赵宏波,马延吉.东北粮食主产区耕地生态安全的时空格局及障碍因子——以吉林省为例[J].应用生态学报,2014,25(02):515-524.

[23]LEFEVER D W. Measuring geographic concentration by means of the standard deviational ellipse[J]. The American Journal of Sociology,1926,32(1):88-94.

[24]赵璐,赵作权.中国沿海地区经济空间差异的动态演化[J].世界地理研究,2014,23(1):45-54.

[25]王录仓,高静.张掖灌区聚落与水土资源空间耦合关系研究[J].经济地理,2014,34(2):139-147.

第12章 信息技术在乡土地理教学中的应用2
——煤炭型城市旅游业与碳安全协调发展研究

本研究从市级行政区角度探讨区域旅游业与碳安全协调发展的关系、发展过程中亟待解决的社会经济环境问题。研究概况具体如下：首先对旅游业与碳安全协调发展机理进行了分析，然后构建了协调发展评价指标体系，运用协调发展度评价模型对2001—2014年我国重要的煤炭城市——平顶山市的旅游业与碳安全协调发展度进行定量分析，用障碍度模型识别出影响协调发展的主要障碍因子，最后用GM(1,1)模型对2015—2020年的协调发展度进行预测。结果表明：①2001—2009年，平顶山市碳安全综合指数高于旅游业综合发展指数，2010—2014年，旅游业综合发展指数高于碳安全综合指数；②2001—2005年，旅游—碳安全系统处于失调发展状态，2006—2014年基本上处于初级协调状态；③2001—2011年，旅游总收入、入境旅游总收入、国内旅游总人次是主要障碍因子，2012—2014年，工业、农业生产过程的碳排放和园地碳吸收是主要障碍因子；④2015—2020年，旅游业和碳安全协调发展度的预测值位于0.607 5 ~0.782 5之间，前四年为中级协调，后两年为初级协调。

12.1 研究背景

在低碳社会建设背景下，旅游业是煤炭型城市转型发展的主要方向之一。安全的碳环境是旅游业发展的基础；同时，低碳社会建设也要求旅游业低碳化发展。旅游业与区域碳安全相互依存、相互制约。二者的发展均面临着挑战，煤炭型城市能耗高、碳排放量大，碳安全形势严峻，来自旅游业的碳排放量占人类碳排放的4% ~6%，且每年以2.5%的速度增加[1]。因此，旅游业与碳安全的协调发展是煤炭型城市在低碳背景下成功转型的关键。

目前与本主题相关的研究主要集中在碳安全、旅游业与生态环境协调发展两个方面。碳安全属于生态安全的一部分,碳安全性大小取决于碳吸收与碳排放之比,二者之比越大,碳安全性也就越大[2]。国外多从碳循环、碳补偿、碳平衡角度研究区域碳安全[3-5],国内着重于研究碳收支的空间分异、影响因素等[6-8]。近几年,学者们分别从国家、省域、地方城市、景区等四种不同空间尺度研究了旅游业与生态环境的协调发展[9-12]。从上述研究可以看出,碳安全、旅游业与生态环境协调发展等主题都是目前学术界研究的热点,但到目前为止鲜见有旅游业与碳安全协调发展的研究。鉴于此,本文以煤炭型城市、全国优秀旅游城市平顶山市为例,在阐述了旅游业与碳安全相互作用机理的基础上,分别构建旅游业和碳安全协调发展评价指标体系,运用熵值法确定指标权重,根据协调发展度模型计算二者在2000—2014年间的协调发展度,并用障碍度模型分辨出影响二者协调发展的主要障碍因子,最后用GM(1,1)模型预测2015—2020年间二者的协调发展态势,以期为相关产业政策和低碳发展政策的制定提供决策依据。

12.2　旅游业与碳安全协调发展机理

协调发展是指系统内部或系统之间在规模、结构、速度、功能等方面相互适应、配合合理、良性循环,进而实现“1加1大于2”的整体目标。自组织理论认为,开放性是系统之间协调的基础,系统之间的协调通过物质、能量、信息的交换来完成。通过协调发展,系统由低级向高级、由无序向有序、由简单到复杂演化,最终产生更高级的结构和功能[13]。

旅游业、碳环境构成的复合系统是一个复杂的、开放的巨系统,旅游的各个子系统(客源市场系统、支持系统、出行系统、目的地系统)和碳环境的子系统(碳排放和碳吸收系统)及各组成要素之间相互促进、相互制约,形成错综复杂的关系。在低碳建设的大背景下,区域碳安全是旅游业发展的依托和条件,在碳安全阈值范围内旅游业方能得到可持续发展;另外,碳安全的环境本身也是一种经济价值较高的旅游资源。当旅游业的发展破坏了区域碳安全,旅游发展将会受到不同程度的遏制。

旅游业大力发展将提高第三产业比重,促使产业结构转型升级,能耗降低,单位产值的碳排放减少,确保区域碳安全;旅游产业结构高度化是技术进步的表现,随着旅游产业结构高度化的增强,能源利用效率得以提高,碳排放强度降低。因此,旅游业通过产业结构升级、技术水平提高来影响区域碳安全,并通过自组织和自适应促进区域碳安全逐步升级[12]。

12.3 研究区概况、指标体系及研究方法

12.3.1 研究区概况

平顶山市位于河南省中南部,北纬33°08′~34°20′、东经112°14′~113°41′,位于暖温带和亚热带气候过渡区,地势西高东低,水体旅游资源丰富;平顶山市的历史可追溯至新石器时代,境内有国家级重点文物保护单位、国家级历史文化名村、国家级非物质文化遗产、叶氏和刘氏发源地等,文化底蕴丰厚。旅游资源单体4 200多个,享有“中国优秀旅游城市”的荣誉称号。最近10年旅游年均收入、旅游年总人次增长率分别为22%和25%。除了旅游业发达外,平顶山市还是我国重要的煤炭生产基地,多年来煤炭业及其相关行业是该市的支柱型产业,能源消耗较大。因此,平顶山市旅游业与区域碳安全之间的协调发展问题比较突出,此问题关系到该市能否成功建设低碳城市及能否实现区域可持续发展。以平顶山市为研究对象,可以为其他存在类似问题的矿业城市转型发展提供有价值的参考和借鉴。

12.3.2 指标体系构建

根据旅游业与碳安全的相互作用机理,遵循科学性、系统性、整体性及可获取性原则,构建旅游—碳安全系统协调发展指标体系(表12-1)。将旅游系统分为旅游经济、旅游保障、旅游接待3个子系统,共12个指标,这些数据均来自2002—2015年的《平顶山统计年鉴》和《河南统计年鉴》;碳安全系统分为碳源和碳汇两个子系统,碳源系统主要包括各类能源消耗、工业生产

过程碳排放，农业生产活动（包括农用物资、土壤翻耕、牲畜养殖等）碳排放、人类呼吸和废弃物碳排放，碳汇系统主要包括耕地、林地、园地及城市绿地碳吸收等，共9个指标，这些指标无法直接从资料中获取，需要根据相应公式进行核算进而间接获得[14-16]。

表12-1 旅游业、碳安全系统协调发展评价指标体系

总目标	系统	子系统	权重	指标层/单位	指标性质	权重
旅游—碳安全系统协调发展指标体系	A旅游业	A_1旅游经济	0.392 9	A_{11}国内旅游收入/亿元	正	0.114 2
				A_{12}入境旅游收入/万美元	正	0.082 8
				A_{13}旅游总收入/亿元	正	0.131 3
				A_{14}旅游收入占GDP比重/%	正	0.064 7
		A_2旅游保障	0.312 4	A_{21}公路线路里程/千米	正	0.077 0
				A_{22}邮电业务量/万元	正	0.065 1
				A_{23}旅客周转量/万人千米	正	0.073 0
				A_{24}第三产业固定资产投资/亿元	正	0.097 3
		A_3旅游接待	0.294 7	A_{31}国内旅游者人次/亿人次	正	0.093 8
				A_{32}入境旅游者人次/万人次	正	0.105 3
				A_{33}星级酒店个数/个	正	0.074 2
				A_{34}第三产业就业人数/万人	正	0.021 4
	B碳安全	B_1碳源系统	0.550 7	B_{11}能源消耗碳排放/万t	负	0.074 7
				B_{12}工业生产过程碳排放/万t	负	0.127 3
				B_{13}农业生产活动碳排放/万t	负	0.148 9
				B_{14}人类呼吸碳排放/万t	负	0.108 1
				B_{15}废弃物碳排放/万t	负	0.091 7
		B_2碳汇系统	0.449 3	B_{21}耕地碳吸收/万t	正	0.057 6
				B_{22}林地碳吸收/万t	正	0.089 7
				B_{23}园地碳吸收/万t	正	0.170 5
				B_{24}城市绿地碳吸收/万t	正	0.131 6

12.3.3 协调发展度

设 $x_i\,(i=1,2,\cdots,m)$ 为旅游系统的评价指标，$y_j\,(j=1,2,\cdots,n)$ 为碳安全

系统的评价指标。x_i'、y_j' 分别是 x_i、y_j 的标准化值，x_i' 的计算公式如下：

效益型指标：
$$x_i' = \frac{x_i - \min x_i}{\max x_i - \min x_i} \tag{1}$$

成本型指标：
$$x_i' = \frac{\max x_i - x_i}{\max x_i - \min x_i} \tag{2}$$

$f(x)$、$g(y)$ 分别是旅游系统和碳安全系统的综合评价指数：

$$f(x) = \sum_{i=1}^{m} a_i x_i' ,\ g(y) = \sum_{j=1}^{n} b_j y_j' \tag{3}$$

a_i、b_j 为权重系数，可通过熵值法获取。

耦合度 C 主要反映系统之间相互作用的大小、关联性的强弱及系统有序性的程度，而协调发展度 D 反映了多个系统作为一个整体时其内部各要素和谐发展水平的高低、整体功能及综合效益的好坏，反映了系统内部序参量更加本质的差异[9]。P 为旅游—碳安全复合系统的综合评价指数。

$$C = \left\{\frac{f(x) \times g(y)}{[\alpha f(x) + \beta g(y)]^2}\right\}^k \tag{4}$$

$$P = \alpha f(x) + \beta g(y)$$

$$D = \sqrt{C \times P} \tag{5}$$

k 为调节系数，在本研究中，$k=2$。由于旅游系统和碳安全系统同等重要，故 α、β 均取0.5。C 和 D 取值范围均为[0,1]。C 越大说明系统之间的关联度越强，反之则越弱。其中，C 值位于0～0.3，为低水平耦合；位于0.3～0.5，为颉颃期；位于0.5～0.8，为磨合期；位于0.8～1.0，为高水平耦合[9]。D 越大说明系统整体的协调性越好，整体的功能和结构越完善。D 值在[0.00,0.49]，系统为失调型，具体来说：0.00～0.09，为极度失调；0.10～0.19，为严重失调；0.20～0.29，为中度失调；0.30～0.39，为轻度失调；0.40～0.49，为濒临失调。D 值在[0.50,1.00]，系统为协调发展型，具体来说：0.50～0.59，为勉强协调；0.60～0.69，为初级协调；0.70～0.79，为中级协调；0.80～0.89，为良好协调；0.90～1.00，为优质协调[17]。

12.3.4 障碍度模型

障碍度模型主要用来辨别影响系统协调发展的障碍因子，为精准“施治”提供科学依据。

$$B_{ij} = \frac{(1 - z_{ij}) \times \omega_j}{\sum_{i=1}^{k} \sum_{j=1}^{l} (1 - z_{ij}) \times \omega_j} \times 100\% \tag{6}$$

B_{ij} 为障碍度，i 为研究对象，共 k 个，j 为评价指标，共 l 个。z_{ij} 为第 i 个对象的第 j 个指标的标准化值，ω_j 为第 j 个评价指标的权重。

12.3.5　协调发展度预测模型

GM(1,1)模型是一种较常用的针对小样本数据的时间序列预测方法，该方法对数据分布、数据量大小、影响因素等没有严格要求，主要靠数据序列本身的特点对未来值进行预测，且预测精度较高，因此该法在自然科学、社会科学的诸多领域得到了广泛应用。运用 GM(1,1)模型的步骤如下：将原始数据累加生成新序列；用最小二乘法计算模型参数；建立预测模型；根据残差对模型进行检验；确定灰平面；利用模型进行预测，并将预测值通过累减进行还原[18]。

12.4　结果与讨论

12.4.1　综合得分时间序列分析

由图 12-1 可以看出，旅游系统综合得分在 2001—2013 年间以 27.93% 的年均增长速度递增，增长态势十分明显，2014 年得分低于 2013 年。碳安全系统的综合得分总体上呈现出波动中小幅下降态势。旅游—碳安全复合系统综合得分在 2001—2014 年间也呈明显上升态势，年均增长速度为 14.6%。2001—2009 年间，碳安全系统综合得分高于旅游系统，但得分差值逐渐缩小，说明在此期间旅游业的发展总体上滞后于碳安全建设，碳安全优势并未及时转化为旅游业发展的优势，但旅游业发展势头向好。2010—2014 年间，旅游系统综合得分高于碳安全系统，且差距逐渐拉大，说明这五年平顶山市相关部门对旅游业的扶持力度较大，相对于碳安全建设，旅游业发展更快,在一定程度上可以说旅游经济的提高是以牺牲安全的碳环境为代价的,或者说旅游业的发展方式较粗放,消耗了大量能源。

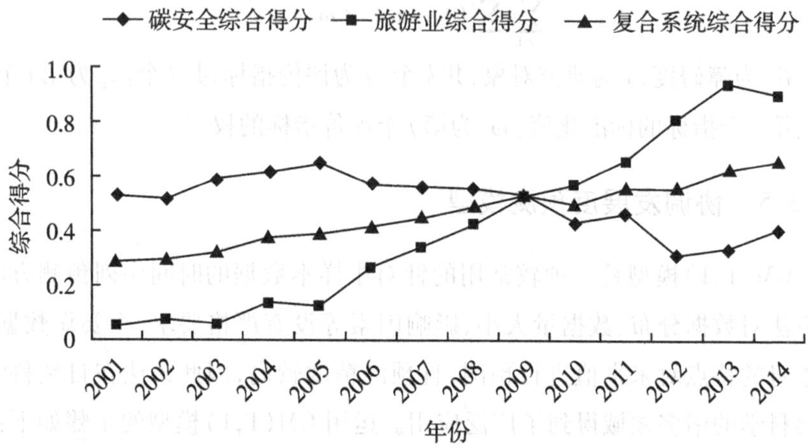

图 12-1 旅游业与碳安全综合得分发展趋势

12.4.2 耦合度及协调发展度分析

由图 12-2 可知,旅游系统和碳安全系统的耦合度及协调发展度的时间序列变化特征基本一致,即在 2001—2005 年间均在波动中缓慢增加,2005—2011 年间持续增加,2011—2014 年间总体呈下降趋势。耦合度及协调发展度的最低值均出现在 2001 年,分别为 0.10、0.17;最高值出现在 2009 年,分别为 1.00、0.73。就耦合度来说,2001—2003 年,旅游业与碳安全为低水平耦合;2004—2005 年,为颉颃阶段;2007—2011 年为高水平耦合;2006 年和 2012—2014 年为磨合期。就协调发展状态来说,2001 年、2003 年两个系统的协调发展状态为严重失调;2002 年为中度失调;2004 年、2005 年为轻度失调;2006 年为勉强协调;2007—2008 年、2010 年、2012—2014 年为初级协调;2009 年、2011 年为中级协调。总体上,2001—2005 年,两个系统之间并未呈现良性互动状态,在此期间平顶山市的旅游业正处于大力发展的初期阶段,以追求旅游人数和旅游经济的增长为主,发展方式较粗放,对环境带来了不利影响。后来,以申报"中国优秀旅游城市"为契机,相关部门不断完善旅游综合服务功能、改善生态环境,着力打造"资源节约、环境友好"型社会,两个系统逐渐协调发展，但协调等级并不高，以初级协调为主。研究发现，旅游经济规模增大消耗了大量能源，旅游产业结构高度化程度较低，能源利用效率低，旅游企业和游客低碳意识不强等多种因素造成旅游业碳排放总量不断增加，对区域碳安全带来了威胁。同时，平顶山市重工业比重大，以煤炭开采、加工为主的企业设备不够先进、技术水平不高，导致能耗高、碳排放量大，给当地生态环境带来了负面影响，这些因素在一定程度上也遏制了旅游业的发展。

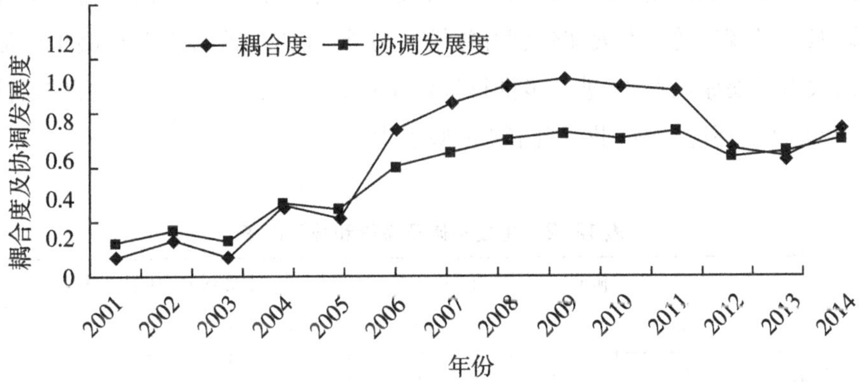

图 12-2　耦合度及协调发展度发展趋势

12.4.3　障碍因子分析

根据障碍度大小找出影响系统协调发展的主要障碍因子和障碍子系统，为科学制定协调发展政策提供依据。由表 12-2 可知，在子系统层面，旅游经济子系统是最主要的障碍因素，出现频率为 78.57%；其次是旅游保障子系统，其出现频率也为 78.57%；旅游接待子系统出现的频率为 71.43%。2008 年之后，碳排放子系统作为主要障碍因素开始出现，特别是在 2011—2014 年间，碳排放子系统成为障碍度最大的因素。在评价指标层面，总体来说旅游总收入作为主要障碍因子出现的频率最高，为 78.57%；接下来依次为入境旅游收入(71.43%)、国内旅游者人次(64.29%)、工业生产过程碳排放(35.71%)、农业生产活动碳排放和园地碳吸收(均为 21.43%)。2001—2010 年间，旅游总收入在每年都是最主要的障碍因子；2011—2012 年，工业生产过程碳排放的障碍度最大；2013—2014 年，园地碳吸收量为最大障碍因子。因此，要促进旅游—碳安全系统协调发展，旅游经济的发展要与碳安全相适应，既不能滞后于碳安全的发展，也不能超过碳安全的承载范围；不能一味追求旅游经济数量的增加，要注重提高旅游发展的质量，大力发展低碳旅游，降低旅游能源强度，提高能源利用效率；优化旅游产业结构，降低能耗相对较高的旅游交通、餐饮和住宿的比重，提高旅游游览、购物和娱乐比重；向游客和旅游企业普及生态文明知识，增强他们的绿色旅游或绿色管理服务理念，推动旅游业由外延式向内涵式发展方向转变；改变旅游业对资源环境的过度依赖，适度发展文化创意旅游。另外，还需要改善工业产品生产流程，大力发展绿色农业，进一步推行清洁生产，切实改善旅游发展的自然、社会和经济大环境，增强平顶山市旅游吸引力。

表 12-2 主要障碍子系统和障碍因子

年份	主要障碍子系统排序			主要障碍因子排序		
	1	2	3	1	2	3
2001	A_1	A_2	A_3	A_{13}	A_{12}	A_{31}
2002	A_1	A_2	A_3	A_{13}	A_{12}	A_{31}
2003	A_1	A_2	A_3	A_{13}	A_{12}	A_{31}
2004	A_1	A_2	A_3	A_{13}	A_{12}	A_{31}
2005	A_1	A_2	A_3	A_{13}	A_{12}	A_{31}
2006	A_1	A_3	A_2	A_{13}	A_{12}	A_{31}
2007	A_1	A_3	A_2	A_{13}	A_{12}	A_{31}
2008	A_1	A_3	B_1	A_{13}	A_{12}	A_{31}
2009	A_1	B_1	A_3	A_{13}	A_{12}	A_{31}
2010	A_1	B_1	A_3	A_{13}	A_{12}	B_{12}
2011	B_1	A_1	A_2	B_{12}	A_{24}	A_{13}
2012	B_1	B_2	A_2	B_{12}	B_{23}	B_{13}
2013	B_1	B_2	A_2	B_{23}	B_{12}	B_{13}
2014	B_1	B_2	A_2	B_{23}	B_{12}	B_{13}

12.4.4 协调发展度预测结果分析

根据 GM(1,1)模型,对旅游系统—碳安全系统的协调发展度进行预测,预测模型见公式(7):

$$x_{协}(t+1) = 5.3543e^{0.065312t} - 5.1881 \tag{7}$$

$x_{协}(t+1)$ 为 $t+1$ 时刻的协调发展度,预测模型的后验差之比 $c<0.35$,小概率误差 $p>0.95$,模型精度较高,预测结果可靠。未来6年协调发展度总体呈下降趋势,最高值0.782 5出现在2016年,2020年的值最低,为0.607 5。就协调发展状态来说,2015—2018年为中级协调,2019—2020年为初级协调,协调状态欠佳(表12-3)。因此,如何优化旅游系统和碳安全系统,进而促进二者良好或优质协调发展,在未来依然面临着挑战。

表 12-3 旅游业、碳安全系统协调发展度预测值

时间	2015	2016	2017	2018	2019	2020
协调发展度	0.771 7	0.782 5	0.773 7	0.742 9	0.688	0.607 5
协调发展状态	中级协调	中级协调	中级协调	中级协调	初级协调	初级协调

12.5 结语

本研究以旅游—煤炭复合型城市平顶山市为例,在低碳社会建设背景下,对平顶山市2001—2014年间旅游业与区域碳安全协调发展问题进行分析:首先构建了旅游—碳安全协调发展评价指标体系;然后用协调发展度模型计算了二者的协调发展度,用障碍度模型计算了各个评价指标的障碍度,找出各年主要障碍因子,提出相关建议;最后对2015—2020年间的协调发展度进行预测。主要结论如下:

(1)2001—2009年,碳安全的发展优于旅游业,碳环境优势并未转化为旅游业发展的优势;2010年—2014年,旅游业的发展优于碳安全,旅游业的发展给碳环境带来一定压力。

(2)旅游系统与碳安全系统的耦合度经历了低水平耦合—颉颃—磨合—高水平耦合—磨合的发展过程。在协调发展状态方面,2001—2005年为失调状态,2006年为勉强协调,2007—2014年基本以初级协调为主。纵观整个研究过程,两个系统的协调发展程度始终不高。究其原因,前期与旅游业自身发展水平不高、滞后于碳安全发展有关,后期与旅游业发展模式、旅游产业结构、旅游能源利用效率及旅游利益相关者的低碳意识等有关。

(3)旅游经济因素是影响旅游业与碳安全协调发展的主要子系统。旅游总收入、入境旅游收入、国内旅游人次等作为主要障碍因子,出现的频率均超过50%;2011年之后,工业、农业生产过程碳排放和园地碳吸收量也成为主要障碍因子。因此,在扩大旅游经济规模的同时,还要注意提升旅游业发展的质量,积极发展低碳旅游,优化旅游业产业结构,对能源消耗大的部门尝试开展旅游碳补偿工作。

(4)基于GM(1,1)模型对2015—2020年的协调发展度进行预测,结果表明2015—2018年旅游系统与碳安全系统为中级协调,2019—2020年为初级协调,协调状态不太乐观。

(5)旅游业与碳安全构成的复合系统是一个复杂的、处于不断发展中的巨系统,完全揭示其协调发展机理非常困难,本文所选评价指标和分析方法只能说明某一方面的问题,无法全面反映两个系统协调的本质。如何选择更具代表性、更全面的指标和更加精确的分析模型,以及如何找到两个系统发展的平衡点、制定具体的协调发展措施等诸多问题,还需要在以后的研究中进一步探索。平顶山市作为国家优秀旅游城市和我国重要的煤炭生产基地,旅游业和碳安全协调发展问题在这样的区域背景下具有典型性和代表性,二者的协调发展关系到区域能否实现可持续发展和资源型城市能否转型成功。

参考文献

[1]THE UN WORLD TOURISM ORGANIZATION (UNWTO). Towards a Low Carbon Travel and Tourism Sector [R]. The World Economic Forum. 2009:5.

[2]邱高会.区域碳安全评价及预测研究[J].生态经济,2014,30(08):14-17,41.

[3] MARCHI M, JORGENSEN S E, PULSELLI F M, et al. Modelling the carbon cycle of Siena Province (Tuscany, central Italy) [J]. Ecological Modeling,2012,225:40-60.

[4]ESCOBEDO F, VARELA S, ZHAO M et al. Analyzing the efficacy of subtropical urban forests inoffsetting carbon emissions from cities [J]. Environmental Science & Policy,2010,13(5):362-372.

[5]BULLOCK S H, ESCOTO-RODRIGUEZ M, SMITH S V et al. Carbon flux of an urban system in Mexico[J]. Journal of Industrial Ecology,2011,15(4):512-526.

[6]赵荣钦,张帅,黄贤金,等.中原经济区县域碳收支空间分异及碳平衡分区[J].地理学报,2014,69 (10):1425-1437.

[7]孙伟,乌日汗.长三角核心区碳收支平衡及其空间分异[J].地理研究,2012,31 (12):2220-2228.

[8]高奇,师学义,王子凌,等.深圳市碳收支与土地利用变化的协整分析[J].水土保持研究,2013,20 (06):277-283.

[9]方叶林,黄震方,段忠贤,等.中国旅游业发展与生态环境耦合协调研究[J].经济地理,2013,33 (12):195-201.

[10]刘定惠,杨永春.区域经济-旅游-生态环境耦合协调度研究——以安徽省为例[J].长江流域资源与环境,2011,20 (07):892-896.

[11]程晓丽,张乐勤,程海峰.中小城市旅游经济与生态环境协调发展研究—以池州市为例[J].地理与地理信息科学,2013,29 (05):102-106.

[12]周彬,赵宽,钟林生,等.舟山群岛生态系统健康与旅游经济协调发展评价[J].生态学报,2015,35 (10):3437-3446.

[13]王维国.协调发展的理论与方法研究[M].北京:中国财政经济出版社,2000:15-17.

[14]田云,张俊飚.中国农业生产净碳效应分异研究[J].自然资源学报,2013,28 (08):1298-1309.

[15]赵荣钦.城市系统碳循环及土地调控研究[M].南京:南京大学出

版社,2012.

[16]邓娜,陈广武,崔文谦,等.城市温室气体清单编制与分析——以天津为例[J].天津大学学报(自然科学与工程技术版),2013,46(07):635-640.

[17]郭晓东,李莺飞.中国旅游经济与生态环境协调发展水平的空间差异与演变特征[J].中国人口·资源与环境,2014,24(S2):356-359.

[18]陕振沛,马德山.灰色预测GM(1,1)模型的研究与应用[J].甘肃联合大学学报(自然科学版),2010,24(05):24-27.